Preparándonos PARA EL matrimonio

Libros de John Piper publicados por Portavoz

Bajo las alas de Dios
Cómo perseverar hasta el final
Cuando no deseo a Dios
Cuando no se disipan las tinieblas
Dios es el evangelio
Exultación expositiva
La lectura sobrenatural de la Biblia
Lo que Jesús exige del mundo
¡Más vivo que nunca!
No desperdicies tu vida
Pensar. Amar. Hacer. (editor general)
Por qué amo al apóstol Pablo
Preparándonos para el matrimonio
El sufrimiento y la soberanía de Dios (editor general)
Una gloria peculiar

REVISADO Y AMPLIADO

Preparándonos para el matrimonio

Una guía para parejas cristianas

JOHN PIPER

EDITORIAL PORTAVOZ

La misión de *Editorial Portavoz* consiste en proporcionar productos de calidad —con integridad y excelencia—, desde una perspectiva bíblica y confiable, que animen a las personas a conocer y servir a Jesucristo.

Título del original: *Preparing for marriage: Help for Christian Couples,* © 2018 por Desiring God. Traducido y publicado con permiso. Todos los derechos reservados.

Edición en castellano: *Preparándonos para el matrimonio* © 2020 por Editorial Portavoz, filial de Kregel Inc., Grand Rapids, Michigan 49505. Todos los derechos reservados.

Traducción: Nohra Bernal

Imagen de la portada por Nadine Rupprecht en Unsplash.

Las cursivas en los versículos bíblicos son énfasis del autor.

EDITORIAL PORTAVOZ
2450 Oak Industrial Drive NE
Grand Rapids, Michigan 49505 USA
Visítenos en: www.portavoz.com

ISBN 978-0-8254-5894-1 (rústica)
ISBN 978-0-8254-6794-3 (Kindle)
ISBN 978-0-8254-7616-7 (epub)

2 3 4 5 edición / año 29 28 27 26 25 24

Impreso en los Estados Unidos de América
Printed in the United States of America

Contenido

Prefacio del editor

Llegar a conocer a esa persona especial supone naturalmente aprender acerca de la familia y los amigos, la educación y los deportes, los pasatiempos favoritos y los sueños y las esperanzas de cada uno. Lo ideal es que hablen acerca de los mejores y los peores momentos de la vida, los aspectos más iluminados de su trasfondo y los rincones más oscuros.

Pero ¿qué de Dios? ¿Qué papel juega Él en su relación? ¿Qué cree cada uno acerca de Él y cómo interpretan el sueño divino para el matrimonio, para su matrimonio?

Una de nuestras páginas más visitadas en Desiring God es una serie de preguntas que compiló John Piper para las parejas que están preparándose para casarse (una versión actualizada aparece en el Apéndice 1). Encontrarán allí muchas preguntas frecuentes acerca de los amigos, el entretenimiento, el estilo de vida y los hijos, y muchas personas han descubierto que la forma como John plantea las preguntas facilita la comprensión de temas complejos.

También encontrarán allí otras preguntas acerca de teología, adoración y devoción, y sobre los roles de esposo y esposa, preguntas que muchísimas parejas pasan por alto. Cuando una pareja se prepara para el matrimonio, e incluso cuando apenas empieza a considerar esa posibilidad, puede ser de gran ayuda contar con la perspectiva de alguien como John Piper, quien no solo tiene la experiencia de casi 50 años de matrimonio, sino que es también un pastor experimentado, un pensador acucioso y un teólogo fiel.

Este es un libro corto. Nuestra visión para el mismo es modesta. Nuestra esperanza es que algunas parejas, ya sean solo novios, estén comprometidas o estén preparándose para el matrimonio, se beneficien de su contenido, lleguen a conocerse mejor en una de las decisiones más importantes de la vida, y logren discernir mejor la dirección de Dios para sus vidas.

Aun así, John tiene más para ofrecer que una simple lista de preguntas prematrimoniales. El libro contiene seis breves capítulos que consideramos les serán de utilidad en su preparación para el matrimonio. El capítulo 1 incluye el consejo de John acerca del compromiso. El capítulo 2 trata acerca de los preparativos de la boda (y las finanzas). El capítulo 3 ofrece instrucción inestimable acerca de la dinámica hermosa y complementaria que existe entre el esposo y la esposa conforme enseña la Biblia.

El tema del capítulo 4 es las relaciones sexuales en el matrimonio. (Sabemos que algunos de ustedes quizá pasen directamente a esa sección, ahora que saben que está ahí. No hay problema. ¡Lean el resto del libro cuando puedan!). Aquí hay tanta potencialidad para el placer como para el dolor. No eviten dar una reflexión concienzuda y abordar conversaciones francas acerca del tema del sexo durante el período de su compromiso.

Luego, en el capítulo 5, John nos ayuda a preguntarnos cómo podemos proteger nuestro matrimonio en una época en la que sufre ataques de todas partes. Por último, el capítulo 6 se basa quizás en el mensaje más importante de John Piper acerca del matrimonio. Allí presenta una visión mucho más amplia de lo que muchos hemos contemplado sobre lo que es el matrimonio y el propósito por el cual Dios lo diseñó. Es una visión gloriosa, verdadera y transformadora.

Después de la extensa lista de preguntas prematrimoniales para tener en cuenta, el segundo apéndice trata acerca de cumplir juntos una misión. El matrimonio también cumple una misión. En particular, el enfoque del libro se centra en la hospitalidad. Se trata de un sermón ligeramente editado de la serie condensada en el libro *Pacto matrimonial: Perspectiva temporal y eterna*, que es el recurso al cual los remitiremos para aprender más acerca del matrimonio después de terminar este libro. (También quisiéramos recomendarles un estudio devocional de 30 días para parejas casadas jóvenes, titulado *Felices por siempre: 30 lecturas devocionales para parejas*, escrito por John Piper y otros colaboradores de desiringGod.org). Para los cristianos es esencial incluir en su preparación el ministerio juntos, el cual incluye la hospitalidad ("el amor hacia los extraños" según el concepto literal del Nuevo Testamento).

El matrimonio es algo trascendental. Lo que ustedes están considerando o preparando aquí no es una trivialidad. No se imaginen que pueden añadir el matrimonio como una tarea más de una vida muy ocupada. El matrimonio exige un reinicio completo. Replanteen sus compromisos, examinen sus prioridades, reconsideren su diario vivir. Este libro y otros recursos similares pueden ayudarles. Valdrá la pena el tiempo que dediquen a plantearse las preguntas difíciles y a reflexionar seriamente en las respuestas, por su gozo, por el bien de otros y para la gloria del Novio de la Iglesia.

David Mathis
Editor ejecutivo
desiringGod.org

1

No desperdicien su compromiso

Este capítulo es una adaptación del episodio 987 de *Pregunte al pastor John*, un programa diario en el que John Piper trata difíciles preguntas teológicas y pastorales.

"Pastor John, en 100 días exactos voy a casarme. Tengo 21 años y mi prometida tiene 18. Me emociona asumir el papel de amar a una mujer como Cristo amó a la Iglesia, pero a medida que se acerca el día me doy cuenta más y más de mi necesidad de sabiduría y de ayuda para convertirme en un esposo capaz de amar a una esposa como debe ser. Voy a escuchar de nuevo todos los episodios acerca del matrimonio. Dicho esto, ¿qué consejo me daría usted? ¿Cuáles son las preguntas más importantes que debemos plantearnos y que probablemente pasamos por alto debido a la avalancha de emociones de la etapa de compromiso?".

Hablen ahora acerca de los temas difíciles

Cuantos más temas puedan tratar juntos antes del matrimonio, mejor. Después de estar casados, es mucho más frustrante y amenazador pensar en algo que debieron haber tratado antes. No rehúyan tema alguno ni eviten conversaciones con su pareja porque creen que es un buen momento para evitar el conflicto. Este es el momento ideal para enfrentar cada conflicto que *puedan* tener y que podría surgir más adelante. Si creen que pueden evitar los conflictos ahora para que haya un momento más oportuno después, se equivocan. Si creen que *deberían* evitar conflictos ahora porque un compromiso feliz es el camino a un matrimonio feliz, están en un grave error. Antes bien, este es el propósito del compromiso o el cortejo: exponer al máximo lo que cada uno de ustedes piensa, cree, siente y hace, ya sea de manera habitual o esporádica. Sin secretos, sin reservas. Ustedes no quieren que su matrimonio se base en la ignorancia sino en la confianza, de cara a toda la verdad.

Aunque los temas que abarcan los seis capítulos de este libro podrían animar horas de conversación fructífera (y posiblemente de paso una dosis saludable de conflicto), no se pierdan el Apéndice 1. Allí encontrarán más de cincuenta breves preguntas específicas que han sido de gran utilidad a muchas parejas y que están divididas en once categorías.

Liderazgo espiritual

Quisiera añadir que estos meses son invaluables y que definen el patrón de liderazgo espiritual. Toma la iniciativa de leer tu Biblia con tu prometida. Oren, mediten y estudien juntos acerca de todo tipo de realidades espirituales y bíblicas. Asegúrense de estar en sintonía teológica. Esa no es una expectativa secundaria ni artificial. Si los dos van a caminar hombro a hombro en el matrimonio para un propósito grandioso, que es la razón de ser del matrimonio, deben ir en la misma dirección. Es decir, deben ver a Dios de la misma manera y ver a Cristo, ver al Espíritu Santo, la fe, el amor, la salvación, el cielo y el infierno, Satanás y el pecado, la santidad y la obediencia, y todas estas cosas esencialmente desde la misma perspectiva. De lo contrario, unirse en un yugo se volverá muy doloroso cuando cada uno tire espiritualmente hacia su lado en diferentes direcciones. Sin embargo, lo más probable es que suceda algo peor: que poco a poco en su matrimonio dejen de hablar de temas espirituales. Así que tomen la iniciativa y profundicen en todos los aspectos de la vida espiritual que puedan tratar en estos días de preparación.

Comunión personal con Dios

Ambos deben ser conscientes de que su propia comunión de fe y de gozo, de esperanza y obediencia hacia Jesús es fundamental para la supervivencia y el florecimiento de su matrimonio. Los matrimonios que he visto disolverse, se disuelven juntamente con la realidad espiritual. Uno o los dos miembros de estas parejas se aleja de Jesús en cierto grado. Cuando eso sucede, sus recursos espirituales para manejar los conflictos normales y cotidianos empiezan a escasear.

No se contenten con pensar que lo que ustedes hacen *juntos* fortalece el matrimonio. Mucho más importante que esto es lo que ustedes hacen *cada uno por su cuenta* en su búsqueda personal de Jesús y en renovar su consagración de sí mismos a Dios, día a día, a fin de que su devoción a Cristo sea inquebrantable y su experiencia con Él profundamente satisfactoria. Puede que esto suene exagerado, pero lo he pensado bien y voy a insistir en ello. Me refiero a cada uno por su lado, de manera personal e individual, delante de Cristo. Cuando dos personas operan conforme a esa profundidad individual, el matrimonio permanece. Y no solo permanece, sino que florece con gozo y fructificación.

Expresiones de amor y cuidado

Por último, de los cientos de cosas que hay que decir y que podrían decirse, esta es una que debe dirigirse a ambos, pero especialmente a ti como el hombre en esta relación: No des por hecho que tu prometida conoce y siente tu afecto. Antes bien, exprésalo con tus palabras una y otra vez, todos los días. Comprométete a hacerlo a partir de hoy y hasta el final de su vida juntos. Encuentra nuevas formas de decirlo; no te limites a demostrarlo, sino dilo con palabras.

Muchos hombres casados piensan: *Bueno, yo lo demuestro. Me gano la vida. La protejo. La cuido...* Sí, todo eso está bien y es bueno. Pero no te contentes con hacer cosas. Díselas.

Prodígale expresiones de deleite y aprecio, admiración, afecto y gozo (¡y de otras formas cuando estén casados!). En tus votos matrimoniales, espero que le prometas valorarla por encima de cualquier otra persona y renunciar a todas las demás, aferrándote exclusivamente a ella. Expresa cada día con palabras esa voluntad de atesorarla y de aferrarte solo a ella. Esto traerá gran gozo y creará fuertes lazos afectivos a un nivel maravillosamente profundo y feliz.

Dicho esto, quisiera llamar la atención sobre algo: Recuerda que la Biblia da una advertencia acerca de no despertar el amor hasta que quiera (ver Cantares 2:7). Creo que esto significa, entre otras cosas, que es posible sumergirse en el Cantar de los Cantares de una manera prematura e inapropiada, porque el lenguaje puede precipitar en ti algunas reacciones. Sin embargo, me arriesgaré de todos modos y diré lo siguiente: Consulta el libro y comprende a qué me refiero. Aprende a expresarlo con palabras, a decírselo cara a cara, lo mucho que la aprecias. Que Dios te bendiga en esta etapa de compromiso.

Reflexiones personales

2
Bodas: No gasten demasiado

Este capítulo es una adaptación del Episodio 875 de *Pregunte al pastor John.*

"Querido pastor John, en un artículo reciente usted escribió: 'Los pastores deberían tomar la iniciativa de cultivar una cultura eclesial, en la cual los costosos funerales (¡y bodas!) no sean la norma'. Esto es algo en lo que antes no había pensado mucho, y lo aprecio. ¡Gracias! Quisiera saber si podría hablar más directamente acerca del tema de las bodas costosas. ¿Cómo podemos organizar una boda sencilla que exalte a Cristo?".

Un mensaje para pastores

En un momento haré un llamamiento a las parejas para animarlas a resistir las tendencias culturales en este tema, porque es preciso hacerlo. Sin embargo, en ese artículo hago una petición principalmente dirigida a los pastores. Quiero ver pastores que toman la iniciativa de enseñar y predicar, y de ayudar a construir una cultura eclesial de sencillez donde las celebraciones matrimoniales tengan como protagonista al Señor Jesús. Que lo central sea el significado del matrimonio que exalta a Cristo, la asombrosa importancia de los votos, el valor infinito de las personas que se aman y *no* la ropa, las flores, el lugar, la música y todo el evento que pueden opacar el verdadero acto de Dios en el matrimonio y presentarlo como un preámbulo secundario de la gran fiesta sofisticada que le sigue. Yo creo que eso es lamentable.

Sin embargo, esto no es de ninguna manera un ataque que busca robar el gozo. Es precisamente lo contrario. Es un llamado a beber de las fuentes más profundas del gozo, no de los charcos periféricos de la felicidad. Por lo general, las personas piadosas que son pobres experimentan más gozo que las personas adineradas. No existe correlación entre costoso y gozoso, no la hay. A menos que se plantee de la siguiente manera: más costo significa más complicaciones, más estrés, más distracción; es decir, menos gozo. Este es un llamado a que los líderes cultiven una expectativa de sencillez para que ninguna persona con recursos limitados, lo cual incluye a muchos, sienta que una boda sencilla con una recepción que ofrece bocadillos en lugar de una cena fastuosa y bailes, sino puro gozo, es de algún modo menos honrosa para el Señor y para la pareja. Es trágico que hayamos patrocinado una situación como esa.

Revolución en los recursos

He aquí la cosmovisión subyacente. Cuando Jesús vino al mundo, la historia de la redención dio un giro decisivo. El Antiguo Testamento fue, en líneas generales, una religión de "venir y ver", mientras que el Nuevo Testamento es en esencia una religión de "ir y contar". Por eso, en el Antiguo Testamento no se escatimó en gastos para el templo. *¡Vengan y vean, desde Egipto y desde Etiopía, y de todos los confines de la tierra! ¡Vengan a ver este costoso templo que hemos construido!* Por eso la riqueza solía considerarse una señal de la bendición de Dios. No obstante, eso cambió radicalmente con la venida del Hijo del Hombre, que no tuvo lugar para recostar su cabeza y nos mandó ir y arriesgar nuestras vidas para discipular a las naciones (ver Mateo 8:20; 28:19). Ya no vivimos en tiempos del Antiguo Testamento. Esta no es una religión de "venir y ver", y el cristianismo ni siquiera cuenta con un centro geográfico. Esta es una religión de "ir y contar".

La llegada del nuevo pacto ha traído una revolución en el uso de nuestros recursos. Lo que ahora gobierna nuestro estilo de vida es el esfuerzo de mostrar que nuestro tesoro está en el cielo y no en la tierra. Lo que nos rige es el esfuerzo de maximizar lo que damos para llevar a cabo la Gran Comisión y para amar a un mundo que sufre. El Nuevo Testamento es radical en llevarnos a la sencillez y el ahorro por causa del reino, y en apartarnos del lujo, la opulencia y la ostentación, lo cual incluye bodas suntuosas.

Solo para darte una idea de lo que quiero decir cuando afirmo que el Nuevo Testamento es radical, considera algunos versículos.

- "Bienaventurados vosotros los pobres, porque vuestro reino es el reino de Dios... Mas ¡ay de vosotros, ricos! Porque ya tenéis vuestro consuelo" (Lucas 6:20, 24).
- "Son ahogados por los afanes y las riquezas y los placeres de la vida" (Lucas 8:14).
- "El Hijo el Hombre no tiene dónde recostar la cabeza" (Lucas 9:58).
- "No os hagáis tesoros en la tierra, donde la polilla y el orín corrompen" (Mateo 6:19).
- "Por tanto os digo: No os afanéis por vuestra vida... ¿No es la vida más que el alimento... y el vestido?" (Mateo 6:25).
- "Vended lo que poseéis, y dad limosna; haceos... tesoro en los cielos" (Lucas 12:33).
- "Así, pues, cualquiera de vosotros que no renuncia a todo lo que posee, no puede ser mi discípulo" (Lucas 14:33).
- "¡Cuán difícilmente entrarán en el reino de Dios los que tienen riquezas!" (Lucas 18:24).
- Pablo y otros vivieron "como pobres, mas enriqueciendo a muchos; como no teniendo nada, mas poseyéndolo todo" (2 Corintios 6:10).
- "Porque nada hemos traído a este mundo, y sin duda nada podremos sacar. Así que, teniendo sustento y abrigo, estemos contentos con esto" (1 Timoteo 6:7-8).
- "El despojo de vuestros bienes sufristeis con gozo, sabiendo que tenéis en vosotros una mejor y perdurable herencia en los cielos" (Hebreos 10:34).

Cuando Noël y yo nos casamos, ella vistió el traje de bodas de su madre. Se le hicieron algunos retoques, pero el costo fue mínimo. Yo me puse mi mejor y único traje de domingo, y el padrino vistió el suyo. La madrina de honor de Noël vistió un hermoso traje dominical. Pusimos en la plataforma una Biblia abierta y una cruz, solo para demostrar nuestros valores. Alguien tocó el órgano de la iglesia. Mi padre predicó. La iglesia ofreció una recepción en el salón de reuniones. No hubo una cena ni refrescos, sino solo un pastel. Para la luna de miel, pedí prestado el auto de mi padre y emprendimos un viaje de siete horas a St. Petersburg, Florida, donde nos hospedamos en un motel de un solo piso cerca de la playa.

Todo fue sencillo. Todo abundó en gozo. Fue un estallido de dichosa expectativa. Nadie pidió prestado dinero. El Señor, la Palabra de Dios, los votos y los enamorados ocuparon el primer plano, y Dios se glorificó. Y después de todas estas décadas seguimos tan casados como cualquier pareja. Yo creo que es una buena idea.

Verdad y belleza, en humildad

Ahora bien, permítanme subrayar de nuevo que *sí hay* un lugar para lo especial: un vestido especial, gastos especiales y belleza especial en la sencillez de la vida cristiana. *Sí hay* un lugar para la belleza que se expresa de esa manera. Pero lo que sucede en la iglesia evangélica hoy, a mi parecer, es que las cosas se están saliendo de control y alguien tiene que aplicar los frenos. De modo que mi petición se dirige particularmente a los pastores. Den prelación al culto, a la Palabra, a los votos, al Señor y al amor. No tiene que haber una comida después de la boda; créanme, no es indispensable. No tiene que haber un baile. La recepción no tiene que hacerse en un hotel costoso. No tiene que contratarse a un quinteto. En realidad, no hace falta nada de eso.

Además de los pastores que lideran en esto, la iglesia necesita jóvenes con temple y valentía cristiana radical para resistir esta cultura y demostrar con toda humildad cómo brillan la verdad, la belleza y el gozo con el mínimo de estrés, costo y ansiedad, y el doble de atención a la gloria de Cristo y el avance de su reino. Mi oración es que ustedes dos puedan ser de aquellos.

Reflexiones personales

EFESIOS 5:21-33

Someteos unos a otros en el temor de Dios. [22] Las casadas estén sujetas a sus propios maridos, como al Señor; [23] porque el marido es cabeza de la mujer, así como Cristo es cabeza de la iglesia, la cual es su cuerpo, y él es su Salvador. [24] Así que, como la iglesia está sujeta a Cristo, así también las casadas lo estén a sus maridos en todo. [25] Maridos, amad a vuestras mujeres, así como Cristo amó a la iglesia, y se entregó a sí mismo por ella, [26] para santificarla, habiéndola purificado en el lavamiento del agua por la palabra, [27] a fin de presentársela a sí mismo, una iglesia gloriosa, que no tuviese mancha ni arruga ni cosa semejante, sino que fuese santa y sin mancha. [28] Así también los maridos deben amar a sus mujeres como a sus mismos cuerpos. El que ama a su mujer, a sí mismo se ama. [29] Porque nadie aborreció jamás a su propia carne, sino que la sustenta y la cuida, como también Cristo a la iglesia, [30] porque somos miembros de su cuerpo, de su carne y de sus huesos. [31] Por esto dejará el hombre a su padre y a su madre, y se unirá a su mujer, y los dos serán una sola carne. [32] Grande es este misterio; mas yo digo esto respecto de Cristo y de la iglesia. [33] Por lo demás, cada uno de vosotros ame también a su mujer como a sí mismo; y la mujer respete a su marido.

1 PEDRO 3:1-7

Asimismo vosotras, mujeres, estad sujetas a vuestros maridos; para que también los que no creen a la palabra, sean ganados sin palabra por la conducta de sus esposas, [2] considerando vuestra conducta casta y respetuosa. [3] Vuestro atavío no sea el externo de peinados ostentosos, de adornos de oro o de vestidos lujosos, [4] sino el interno, el del corazón, en el incorruptible ornato de un espíritu afable y apacible, que es de grande estima delante de Dios. [5] Porque así también se ataviaban en otro tiempo aquellas santas mujeres que esperaban en Dios, estando sujetas a sus maridos; [6] como Sara obedecía a Abraham, llamándole señor; de la cual vosotras habéis venido a ser hijas, si hacéis el bien, sin temer ninguna amenaza. [7] Vosotros, maridos, igualmente, vivid con ellas sabiamente, dando honor a la mujer como a vaso más frágil, y como a coherederas de la gracia de la vida, para que vuestras oraciones no tengan estorbo.

3

Esposos que aman como Cristo y esposas que se someten a ellos

Los pasajes de Efesios y de 1 Pedro que aparecen en la página anterior son pasajes esenciales que las parejas cristianas comprometidas o recién casadas deben llegar a conocer bien y comentar de manera sincera y detallada. Mi objetivo en este capítulo es animar esa conversación dándoles suficiente material para que conversen.

Empecemos por el pasaje de Efesios, pasando directamente al versículo 31. El texto es una cita de Génesis 2:24: "Por tanto, dejará el hombre a su padre y a su madre, y se unirá a su mujer, y serán una sola carne". En el versículo siguiente, Pablo retoma esta cita y dice: "Grande es este misterio; mas yo digo esto respecto de Cristo y de la iglesia".

El misterio del matrimonio

¿Por qué es un misterio la unión de un hombre y una mujer para ser una sola carne en matrimonio? La respuesta de Pablo es esta: La unión matrimonial es un misterio porque su significado más profundo ha sido velado en parte, aunque ahora ha sido revelado por el apóstol: "mas yo digo esto respecto de Cristo y de la iglesia" (v. 32).

De modo que el matrimonio es como una metáfora, una imagen, una ilustración o una parábola que representa algo *más* que un hombre y una mujer que se vuelven una sola carne. Representa la relación entre Cristo y la Iglesia. Ese es el significado más profundo del matrimonio. Su propósito es ser una representación viva de la relación entre Cristo y la Iglesia.

Observen cómo los versículos 28-30 describen el paralelo entre Cristo y la Iglesia como un cuerpo, y el esposo y la esposa como una sola carne. "Así también los maridos deben amar a sus mujeres como a sus mismos cuerpos. El que ama a su mujer, a sí mismo se ama. Porque nadie aborreció jamás a su propia carne, sino que la sustenta y la cuida, como también Cristo a la Iglesia, porque somos miembros de su cuerpo". En otras palabras, la unión de un hombre y su esposa en una sola carne significa en un sentido que ahora son un cuerpo, de tal modo que el cuidado que prodiga un hombre a su esposa es el cuidado que tiene de sí mismo. Son uno. Lo que él le hace a ella, se lo hace a sí mismo. Luego Pablo compara esto con el cuidado de Cristo por la Iglesia. Empezando al final del versículo 29, Pablo dice que el esposo sustenta y cuida su propia carne, "como también Cristo a la iglesia, porque somos miembros de su cuerpo".

Así como el esposo es una carne con su esposa, la Iglesia es un cuerpo con Cristo. Cuando el esposo cuida y sustenta a su esposa, él se cuida y se sustenta a sí mismo; y cuando Cristo cuida y sustenta a la Iglesia, Él se cuida y se sustenta a sí mismo.

Si quieren comprender el significado de Dios para el matrimonio, tienen que entender que estamos hablando de un original y una copia, una realidad y una metáfora, una verdad y una parábola. El *original*, la realidad, la verdad, es el matrimonio de Dios con su pueblo, o el matrimonio de Cristo con la Iglesia. Y la *copia*, la metáfora, la parábola, es el matrimonio de un esposo con su esposa. Geoffrey Bromiley dice: "Tal como Dios hizo al hombre a su imagen, hizo el matrimonio terrenal a imagen de su matrimonio eterno con su pueblo" (*God and Marriage*, p. 43).

Los roles de esposos y esposas

Un aspecto de este misterio son los roles de esposo y esposa en el matrimonio. Uno de los puntos que señala Pablo en este pasaje es que estos roles no han sido asignados de manera arbitraria, y no pueden intercambiarse sin que se pierda el propósito de Dios para el matrimonio. Los roles de esposo y esposa tienen su origen en los roles específicos de Cristo y de su Iglesia. Dios quiere comunicarnos algo acerca de su Hijo y su Iglesia en la forma como los esposos se relacionan entre sí.

Vemos esto en los versículos 23-25. El versículo 24 habla a la esposa acerca de la mitad que le corresponde de la metáfora, y los versículos 23 y 25 hablan acerca de la otra mitad que le corresponde al hombre en la metáfora. Esposas, encuentren su rol específico basándose en la forma en que la Iglesia se relaciona con Cristo. "Así que, como la iglesia está sujeta a Cristo, así también las casadas lo estén a sus maridos en todo" (v. 24). Lo mismo para los esposos: encuentren su rol específico basándose en la manera en que Cristo se relaciona con la Iglesia. "Porque el marido es cabeza de la mujer, así como Cristo es cabeza de la iglesia, la cual es su cuerpo, y él es su Salvador" (v. 23). "Maridos, amad a vuestras mujeres, así como Cristo amó a la iglesia, y se entregó a sí mismo por ella" (v. 25).

La redención del liderazgo y la sumisión

Cuando el pecado entró en el mundo destruyó la armonía del matrimonio (ver Génesis 1–3). No porque diera paso al liderazgo y a la sumisión, sino porque pervirtió el liderazgo humilde y amoroso del hombre y lo convirtió en dominación hostil en algunos hombres, y en otros indiferencia negligente. También pervirtió la sumisión inteligente y dispuesta de la mujer y la convirtió en servilismo manipulador en algunas mujeres, y en otras insubordinación atrevida. El pecado no *creó* el liderazgo y la sumisión, sino que los distorsionó y los torció de tal modo que se volvieron destructivos y horribles. Ahora bien, si esto es verdad, entonces la redención que esperamos con la venida de Cristo no significa el *desmantelamiento* del orden original creado que consistía en un liderazgo amoroso y una sumisión dispuesta, sino la recuperación de estos de los estragos del pecado. Y eso es precisamente lo que encontramos en Efesios 5:21-33. Esposas, ¡permitan que su sumisión caída sea redimida siguiendo el designio divino para la Iglesia! Esposos, ¡permitan que su liderazgo caído sea redimido siguiendo el designio divino para Cristo!

Por consiguiente, el liderazgo no es un derecho del hombre para mandar y controlar. Es una responsabilidad para amar como Cristo, para entregar su vida por su esposa en liderazgo de servicio. Asimismo, la sumisión no es una actitud servil, forzada ni temerosa. Esa no es la manera como Cristo quiere que su Iglesia responda a su liderazgo: Él quiere que sea libre y dispuesta, alegre, delicada y vigorizante.

Así pues, este pasaje de la Escritura cumple dos funciones: protege contra los abusos del liderazgo instruyendo a los esposos a amar como Jesús, y protege contra la degradación de la sumisión instruyendo a las esposas a responder de la misma manera que la Iglesia responde a Cristo.

Definición de liderazgo y sumisión

Puede ser de utilidad ofrecer aquí definiciones claras de liderazgo y de sumisión conforme las entiendo en este pasaje.

- *Liderazgo* es el llamado divino de un esposo a asumir la responsabilidad principal de ser cabeza, de la provisión y la protección del hogar como líder siervo siguiendo el ejemplo de Cristo.
- *Sumisión* es el llamado divino de una esposa a honrar y afirmar el liderazgo de su esposo, y ayudarle a cumplirlo de acuerdo con los dones que ella posee.

En un momento presentaré algunas implicaciones prácticas de estas definiciones. Pero primero permítanme precisar un par de objeciones comunes.

¿Qué de la sumisión mutua?

Las ideas de liderazgo y de sumisión no gozan de popularidad en nuestros días. El espíritu de nuestra sociedad hace que resulte muy difícil que las personas escuchen pasajes como este con una actitud positiva. La objeción más común al cuadro que acabo de presentar del liderazgo amoroso y la sumisión dispuesta es que el versículo 21 nos enseña a someternos los unos a los otros: "Someteos unos a otros en el temor de Dios".

Un escritor dice, por ejemplo: "Por definición, la sumisión mutua descarta las diferencias jerárquicas" (Gilbert Bilezikian, *Beyond Sex Roles*, p. 154). Lo que afirma aquí es que si la sumisión mutua refiere una realidad entre el esposo y la esposa, es contradictorio decir que el esposo tiene una responsabilidad especial de liderar y la esposa una responsabilidad especial de apoyar ese liderazgo y de ayudar a cumplirlo.

¿Qué hacemos con este dilema? Yo diría que simplemente no es cierto. De hecho, una página más adelante el escritor mismo dice que "la Iglesia florece cuando hay sumisión mutua. En una iglesia guiada por el Espíritu, los ancianos se someten a la congregación cuando rinden cuentas de su cuidado, y la congregación se somete a los ancianos al aceptar la dirección de ellos" (p. 155). Más adelante afirma incluso: "Las congregaciones se someten a sus líderes por medio de la obediencia" (p. 251). Así pues, cuando se trata de la iglesia, él no tiene problema alguno en reconocer que la sumisión mutua es posible entre dos grupos, uno de los cuales tiene la responsabilidad especial de dirigir, y otro que tiene la responsabilidad especial de aceptar la dirección.

Y eso es correcto. No hay contradicción entre la sumisión mutua y una relación de liderazgo y respuesta. La sumisión mutua no significa que los dos miembros de la pareja deban someterse exactamente de la misma forma. Cristo mismo se sometió a la Iglesia en cierto modo, por un liderazgo de servicio que le costó la vida. Y la Iglesia se somete a Cristo de otra manera honrando su liderazgo y siguiéndolo en el camino al Calvario.

De modo que no es cierto que la sumisión mutua descarte el modelo familiar del liderazgo conforme a Cristo y de la sumisión propia de la Iglesia. La sumisión mutua no elimina esos roles, sino que los transforma.

¿Se refiere *cabeza* a liderazgo?

Otra objeción común al modelo de liderazgo y sumisión es que la *cabeza* no significa en absoluto "liderazgo". Significa "fuente", como un manantial o el nacimiento de un río (Bilezikian, pp. 157-162). Según esta perspectiva, decir que un esposo es "cabeza" de su esposa no significa que sea un líder, sino que en cierto sentido él es su "fuente" o "manantial".

Sin embargo, existen de hecho estudios serios que demuestran que en los días de Pablo este no era un significado usual para la palabra *cabeza*. Probablemente ustedes nunca leerán estos artículos técnicos, así que permítanme intentar mostrarles algo a partir de los versículos mismos, que todos pueden ver.

El esposo es representado como la cabeza de su esposa, tal como Cristo representa la cabeza de la Iglesia, que es su cuerpo (ver Efesios 5:23). Ahora, si *cabeza* significa "fuente", entonces ¿de qué es fuente el esposo? ¿Qué recibe el cuerpo de la cabeza? Recibe sustento (esto se menciona en el versículo 29). Y podemos entender esto, porque la boca está en la cabeza y el sustento entra al cuerpo por la boca. Pero eso no es lo único que recibe el cuerpo de la cabeza. Recibe también dirección, porque los ojos están en la cabeza. Y agudeza mental y protección, porque los oídos están en la cabeza.

De modo que si el esposo como "cabeza" es una carne con su esposa, que es su cuerpo, y si él es por ende su fuente de dirección, de alimento y de agudeza, la conclusión natural es que la cabeza, el esposo, tiene una responsabilidad principal de liderazgo, provisión y protección. Por tanto, aunque la *cabeza* signifique "fuente", la interpretación más natural de estos versículos es que los esposos están llamados por Dios a asumir la responsabilidad primordial del liderazgo de servicio conforme al ejemplo de Cristo, y de la protección y provisión del hogar. Y las esposas están llamadas a honrar y afirmar el liderazgo del esposo, y a ayudar a llevarlo a cabo conforme a los dones que ella posee.

Implicaciones prácticas

Para terminar este capítulo, haremos un breve examen de algunas implicaciones prácticas de esta idea.

La transformación del liderazgo

El llamado del versículo 25 a los esposos, "amad a vuestras mujeres, así como Cristo amó a la iglesia, y se entregó a sí mismo por ella", revoluciona la forma como él lidera. Observa lo que dice Jesús en Lucas 22:26: "sea el mayor entre vosotros como el más joven, y el que dirige, como el que sirve". En otras palabras: esposos, no dejen de liderar, sino conviertan todo su liderazgo en servicio. La responsabilidad del liderazgo no te es dada para que te envanezcas, sino para edificar a tu familia.

La transformación de la sumisión

La sumisión no significa poner al esposo en lugar de Cristo. El versículo 21 dice que la sumisión nace del temor *de* Cristo (LBLA). La sumisión no significa que la palabra del esposo es absoluta, porque solo la palabra de Cristo es absoluta. Ninguna esposa debe seguir a un esposo que la conduce a pecar; esto es imposible de llevar a cabo "en el temor de Cristo" (LBLA).

Por otro lado, la sumisión no significa renunciar al acto de pensar. No significa que una esposa no tenga nada qué aportar a las decisiones familiares ni pueda influir en su esposo, porque la sumisión no procede de la ignorancia ni la incompetencia. La sumisión nace de lo que conviene en el Señor y corresponde al orden creado por Dios (ver Colosenses 3:18). La sumisión es una inclinación de la voluntad para *aceptar* el liderazgo del esposo, y una disposición del espíritu para apoyar sus iniciativas. La razón por la cual digo que es una disposición y una inclinación es porque habrá momentos en los que aun la esposa más sumisa dude de la decisión de su esposo. Puede que a ella le parezca imprudente.

Supongamos que hablo de Noël y de mí. Yo estoy a punto de tomar una decisión perjudicial para la familia. En ese momento, Noël puede expresar su sumisión diciendo algo como: "Johnny, sé que has meditado mucho en esto, y me encanta cuando tomas la iniciativa de planear por nosotros y asumir responsabilidad de esa manera, pero realmente no tengo paz con esta decisión y creo que tenemos que hablar al respecto un poco más. ¿Qué te parece? ¿Tal vez podemos hablar al respecto esta noche?".

Esta es una forma bíblica de sumisión porque:

1. Los esposos, a diferencia de Cristo, pueden fallar y deben reconocerlo;

2. Los esposos deben anhelar que sus esposas se alegren con las decisiones familiares, porque Cristo quiere que a nosotros nos alegre acatar sus decisiones y no solo seguirlas a regañadientes;
3. La forma como Noël expresó sus reservas comunicó claramente que ella apoya mi liderazgo y que afirma mi rol como cabeza.

Cuando un hombre percibe que Dios lo hace responsable principal de la vida espiritual de la familia (reunir a la familia para el culto devocional, llevarla a la iglesia, hacer el llamado a la oración durante las comidas), cuando siente que Dios lo hace responsable principal de la disciplina y la educación de los hijos, de la mayordomía del dinero, de la provisión de alimento, de la seguridad del hogar, de la sanidad de conflictos, ese sentido especial de responsabilidad no es autoritario ni autocrático, no es dominante, dictatorial, opresivo ni abusivo. Es simplemente un liderazgo de servicio. Y nunca he conocido a una esposa que lamente estar casada con un hombre que cumple con esa responsabilidad. Porque cuando Dios diseña algo (como el matrimonio), Él lo diseña para su gloria y para nuestro bien.

Así pues, permítanme animarlos de nuevo, a ti y a tu prometido o prometida, a revisar este capítulo con gran detenimiento. ¿Qué partes los llenan de emoción? ¿Hay algo que los incomode o inquiete? ¿Hay pasajes que los preocupan, no porque les desagrade la manera como he expresado algo sino porque descubren que están resistiendo la enseñanza de la Escritura? Dejen que su conversación fluya de manera libre, abierta y sincera. Enfrentarse con la Escritura nunca es mala idea. Sean amables y humildes, y Dios hará en ustedes su buena obra.

Reflexiones personales

HEBREOS 13:4-5

Honroso sea en todos el matrimonio, y el lecho sin mancilla; pero a los fornicarios y a los adúlteros los juzgará Dios.[5] Sean vuestras costumbres sin avaricia, contentos con lo que tenéis ahora; porque él dijo: No te desampararé, ni te dejaré.

4
Las relaciones sexuales en el matrimonio

Es interesante que Hebreos ponga el dinero y el lecho matrimonial uno junto al otro. Esto no es una coincidencia. De hecho, la mayoría de los consejeros en la actualidad pondrían el dinero y las relaciones sexuales encabezando la lista de puntos problemáticos en el matrimonio. Y si bien nuestro enfoque en este capítulo es el versículo 4 (las relaciones sexuales en el matrimonio), pronto veremos, sin esperarlo quizá, que el versículo 5 (sobre el dinero, el deseo, el contentamiento y la provisión de Dios) es también pertinente.

Fe, pecado y contentamiento

"Honroso sea en todos el matrimonio, y el lecho sin mancilla". Es decir, que las relaciones sexuales en el matrimonio se mantengan puras, limpias, libres de mancha. Todos estos términos son simplemente metáforas gráficas o tangibles para expresar una petición moral: no pequen en sus relaciones sexuales matrimoniales. Pero ¿qué es el pecado? En esencia, el pecado es cualquier acto o actitud que desagrada a Dios. Y me parece muy útil centrarse en la naturaleza esencial del pecado en relación con la gran fuerza positiva que impulsa la vida cristiana: la fe.

Hebreos 11:6 dice: "sin fe es imposible agradar a Dios". El hecho de añadir este versículo a nuestra consideración nos lleva a dos puntos.

1. Puesto que el pecado es cualquier cosa que desagrada a Dios, y sin fe *no se puede* agradar a Dios, entonces si alguien no tiene fe, todo lo que hace es pecado, porque todo lo que hace desagrada a Dios.
2. El pasaje sugiere una fuerte conexión entre el pecado y la *falta* de fe, la cual debe ser estrecha e incluso de índole causal. Y Romanos 14:23 confirma dicha conexión, cuando nos dice: "todo lo que no proviene de fe, es pecado".

En otras palabras, la naturaleza esencial de esas acciones y actitudes que denominamos pecado es que no nacen ni son motivadas por un corazón de fe. Lo que hace un acto o una actitud desagradable a Dios es que no nace de la fe en Dios. El pecado es malo precisamente por su incapacidad para ser un resultado de la fe.

Ahora debemos aclarar cómo nuestras acciones proceden "de la fe" o no proceden de la fe. En primer lugar, ¿cuál es esta fe que produce actitudes y acciones que no son pecado? Hebreos 11:1 dice: "Es, pues, la fe la certeza de lo que se espera, la convicción de lo que no se ve". Por lo tanto, la fe es nuestra confianza que sentimos en las cosas buenas que Dios ha prometido hacer por nosotros mañana y en la eternidad. No podemos verlas, pero la fe es la certeza de que las promesas en las que esperamos se harán realidad. El versículo completo de Hebreos 11:6 dice: "Pero sin fe es imposible agradar a Dios; porque es necesario que el que se acerca a Dios crea que le hay, y que es galardonador de los que le buscan". De modo que la fe agrada a Dios en esto: que venimos a Él con la confianza de que, quizá contra toda evidencia externa, Él nos recompensará con todas las cosas buenas que nos ha prometido.

Ahora bien, ¿cómo produce esta clase de fe las actitudes y los actos que no son pecado? Hebreos 13:5 dice: "Sean vuestras costumbres sin avaricia, contentos con lo que tenéis ahora". El amor al dinero es un deseo que desagrada a Dios; es pecado. Y 1 Timoteo 6:10 dice: "raíz de todos los males es el amor al dinero". El antídoto contra este amor pecaminoso y todos los males que nacen de este es *contentamiento*: "contentos con lo que tenéis ahora". Sin embargo, el escritor no nos deja ahí solos, para que nos ingeniemos la manera de hallar contentamiento. Pablo completa el versículo con un fundamento para nuestro contentamiento: "Porque [Dios] dijo: No te desampararé, ni te dejaré".

El fundamento de nuestro contentamiento es la promesa de Dios de su ayuda y compañía infalibles. La promesa es una cita de Deuteronomio 3:16: "Esforzaos y cobrad ánimo; no temáis, ni tengáis miedo de ellos, porque Jehová tu Dios es el que va contigo; no te dejará, ni te desamparará".

Así pues, esto es lo que el autor de Hebreos dice: *Dios ha dado en su Palabra promesas tan consoladoras, reconfortantes y esperanzadoras, que si tenemos fe en esas promesas estaremos contentos, y ese contentamiento es el antídoto contra el amor al dinero, que es raíz de toda clase de males.*

Ahora podemos ver más claramente cómo una acción o actitud procede o no "de la fe". Si no tenemos fe, si no confiamos en la promesa de Dios que dice "no te desampararé, ni te dejaré", nos sentiremos ansiosos e inseguros, y el poder engañoso del dinero para comprar la seguridad y la paz que nos faltan será tan atractivo que empezará a producir otros males en nosotros. Nos sentiremos tentados a robar, a mentir en nuestros impuestos, a inventar excusas para no dar con generosidad a la iglesia, a prorrogar una deuda que tenemos con un amigo, a rehusar invertir en una vivienda que rentamos para hacerla más habitable, entre otros. Los males que nacen del amor al dinero son innumerables. Y la razón por la cual estos males son pecado es porque no proceden de la fe.

Si tenemos fe en la promesa "no te desampararé, ni te dejaré", seremos libres de la ansiedad y de la inseguridad que ansía más dinero, y tendremos la victoria sobre los pecados que resultan del amor al dinero. Si están contentos en Cristo, descansando en la promesa de Dios de que siempre los sostendrá y acompañará, se acabará el apremio de robar y de mentir acerca de los impuestos, de frenar la generosidad, de descuidar las deudas y de oprimir a los pobres inquilinos. En lugar de eso, habrá en sus vidas un horario de trabajo honesto, exactitud en el reporte de impuestos, generosidad con la iglesia y fidelidad en el pago de las deudas, y tratarán a sus inquilinos como quieren que ellos los traten a ustedes. Y todo este nuevo comportamiento no será pecado sino rectitud, porque proviene de la fe en la promesa de Dios que infunde esperanza.

En caso de que hayan perdido la conexión entre todo esto y el tema de las relaciones sexuales en el matrimonio, hagamos una recapitulación. Hebreos 13:4 dice: "Honroso sea en todos el matrimonio, y el lecho sin mancilla". Eso significa que el lecho matrimonial debe estar libre de pecado, que no haya pecado en las relaciones sexuales. Ya hemos visto que el pecado es todo aquello que no procede de la fe. El pecado es lo que sentimos, pensamos y hacemos cuando no creemos lo que Dios dice y no descansamos en sus promesas. De modo que el mandato de Hebreos 13:4 podría expresarse de la siguiente manera: *Que sus relaciones sexuales estén libres de cualquier acto o actitud que no provenga de la fe en la Palabra de Dios.* O dicho en términos positivos: en sus relaciones sexuales matrimoniales *tengan* esas actitudes y *hagan* aquello que nace del contentamiento que viene de confiar en las promesas de Dios.

¿Por qué buscar satisfacción sexual en el matrimonio?

Sin embargo, ahora surge de inmediato un problema. Alguien podría preguntar: "Si estoy contento por medio de la fe en las promesas de Dios, ¿por qué tendría que buscar alguna satisfacción sexual?". Esa es una buena pregunta. Y la primera respuesta es: "Tal vez no deberías buscar satisfacción sexual, tal vez deberías permanecer soltero". Esta es la exhortación de Pablo en 1 Corintios 7:6-7. Allí quiso decir, en efecto: "De ninguna manera ordeno a todos que se casen y satisfagan deseos sexuales. Lo único que digo es que el deseo sexual es bueno, y si alguien tiene un deseo apremiante, el matrimonio es el lugar para satisfacerlo". Pero también añadió: "Quisiera más bien que todos los hombres fuesen [solteros] como yo; pero cada uno tiene su propio don de Dios, uno a la verdad de un modo, y otro de otro" (v. 7).

Este es un versículo realmente extraordinario. Pablo deseaba que todos fueran solteros como él, libres de los afanes de la vida familiar y de la urgencia de casarse. Pero él sabe que esa no es la voluntad de Dios, porque "cada uno tiene su propio don de Dios". Dios quiere que algunas personas se casen y que otras sean solteras. Él no da a todos el mismo don que dio a Pablo; algunos son como Pedro, quien llevó a su esposa en sus viajes misioneros (ver 1 Corintios 9:5). De modo que la primera respuesta a la pregunta "si tengo contentamiento por medio de la fe en las promesas de Dios, ¿por qué debería buscar satisfacción sexual?" es: "tal vez no deberías hacerlo. Puede que Dios quiera que seas soltero".

No obstante, hay una segunda respuesta a esta pregunta, y tiene que ver con el hecho de que el contentamiento que Dios promete dar no significa el fin de todos los deseos, especialmente los deseos físicos. Aun Jesús, cuya fe fue perfecta, tuvo hambre y deseó comer, y se cansó y deseó descansar. El apetito sexual está en la misma categoría. El contentamiento que proviene de la fe no elimina el apetito sexual, como tampoco elimina el hambre y el cansancio. Entonces, ¿qué significa contentamiento con relación al deseo sexual corriente? Yo creo que significa dos cosas.

1. Si la satisfacción de ese deseo es negada por medio de la soltería, entonces esa negación será compensada con una abundante porción de ayuda divina y de comunión con Dios por medio de la fe. En Filipenses 4:11-13, Pablo dijo: "No lo digo porque tenga escasez, pues he aprendido a contentarme, cualquiera que sea mi situación. Sé vivir humildemente, y sé tener abundancia; en todo y por todo estoy enseñado, así para estar saciado como para tener hambre, así para tener abundancia como para padecer necesidad. Todo lo puedo en Cristo que me fortalece". Si Pablo pudo aprender a tener contentamiento cuando tenía hambre, es posible aprender a estar contentos si Dios elige no darnos satisfacción sexual.
2. Otro significado del contentamiento en relación con el deseo sexual corriente es este: si la satisfacción no es negada sino que nos es

ofrecida en el matrimonio, la buscaremos y la disfrutaremos únicamente en maneras que reflejen nuestra fe. Dicho de otra forma, mientras que el contentamiento de fe no pone fin a nuestra hambre, cansancio o apetito sexual, sí transforma la manera como buscamos satisfacer esos deseos. La fe no nos impide comer, pero sí modera la glotonería. No elimina el sueño, pero nos guarda de ser perezosos. No detiene el deseo sexual, pero... ¿pero qué? A esta cuestión dedicaré este capítulo, si bien el espacio solo permite tratar una respuesta parcial.

Porque la fe cree que el sexo es un buen regalo de Dios

En primer lugar, cuando el oído de la fe oye la palabra de 1 Timoteo 4:4-5 según la cual "todo lo que Dios creó es bueno, y nada es de desecharse, si se toma con acción de gracias; porque por la palabra de Dios y por la oración es santificado", la cree. Y así la fe trata con dignidad al cuerpo y sus apetitos como buenos dones de Dios. La fe no permite que una pareja casada se acueste en la cama y diga: "lo que estamos haciendo es sucio; es lo que hacen en las películas pornográficas". En cambio, la fe dice: "Dios creó este acto y es bueno, y es para 'los creyentes y los que han conocido la verdad'" (1 Timoteo 4:3). Es el mundo el que ha robado los regalos de Dios y los ha corrompido mediante su uso indebido. Sin embargo, estos dones pertenecen por derecho a los hijos de Dios, y la fe no nos permite verlos como mundanos o sucios. "*Honroso* sea en todos el matrimonio, y el lecho sin mancilla".

Porque la fe libera de la culpa del pasado

En segundo lugar, la fe aumenta el gozo de las relaciones sexuales en el matrimonio porque libera de la culpa del pasado. Me refiero principalmente a quienes están casados pero en su pasado hubo un acto de fornicación o adulterio, incesto, una aventura homosexual, años de masturbación o pornografía, caricias promiscuas o divorcio. Y esto es lo que tengo para decir: si ustedes han dispuesto sinceramente, por la gracia de Dios, encomendarse a la misericordia de Dios para recibir perdón, serán libres de la culpa del pasado.

- "Ahora, pues, ninguna condenación hay para los que están en Cristo Jesús" (Romanos 8:1).
- "Al que no obra, sino cree en aquel que justifica al impío, su fe le es contada por justicia" (Romanos 4:5).
- "Bienaventurado aquel cuya transgresión ha sido perdonada, y cubierto su pecado. Bienaventurado el hombre a quien Jehová no culpa de iniquidad" (Salmo 32:1-2).
- "No ha hecho con nosotros conforme a nuestras iniquidades, ni nos ha pagado conforme a nuestros pecados. Porque como la altura de los cielos sobre

la tierra, engrandeció su misericordia sobre los que le temen. Cuanto está lejos el oriente del occidente, hizo alejar de nosotros nuestras rebeliones" (Salmo 103:10-12).

- "Si confesamos nuestros pecados, él es fiel y justo para perdonar nuestros pecados, y limpiarnos de toda maldad" (1 Juan 1:9).

No hace falta que un hijo de Dios lleve su culpa al lecho matrimonial. Sin embargo, eso requiere una fe firme, porque a Satanás le encanta hacernos sentir que no hemos sido perdonados de la corrupción de nuestra vida pasada.

"Al cual resistid firmes en la fe" (1 Pedro 5:9). Apaguen sus dardos de fuego con el escudo de la fe (ver Efesios 6:16), fe en "el Hijo de Dios, quien [los] amó y se entregó a sí mismo por [ustedes]" (Gálatas 2:20), quien por [ustedes] se hizo pecado para que [fueran hechos] justicia de Dios en Él (ver 2 Corintios 5:21), "quien llevó Él mismo [sus] pecados en su cuerpo sobre el madero" (1 Pedro 2:24). Aférrense al perdón que han recibido y llévenlo consigo al lecho matrimonial. Cristo murió por su pecado, a fin de que en Él puedan gozar de relaciones sexuales libres de culpa en su matrimonio.

Por supuesto, no siempre es fácil lograrlo. Aunque la culpa del pecado puede ser quitada, algunas cicatrices permanecen. Puedo imaginar a una pareja que conversa en un parque justo antes de su compromiso. Él se vuelve a ella y le dice: "Hay algo que tengo que contarte. Hace dos años tuve relaciones sexuales con otra chica. Yo me había apartado del Señor y fue solo una noche. Lloré por esa sola noche muchas veces. Creo que Dios me ha perdonado y espero que tú también puedas hacerlo". En las semanas siguientes, no sin algunas lágrimas, ella lo perdona y se casan. Y en su primera noche de luna de miel se acuestan, y cuando él la mira, los ojos de ella están a punto de derramar lágrimas. Él le pregunta: "¿Qué pasa?". Y ella dice: "No puedo evitar pensar en la otra chica, que se acostó exactamente donde yo estoy ahora". Y años después, cuando desaparece la novedad del cuerpo de su esposa, se percata de que sin querer vuelve en su imaginación a aquella noche de aventura amorosa. A eso me refiero con cicatrices. Y todos tenemos esas cicatrices. Todos hemos cometido pecados que, aunque ya han sido perdonados, vuelven nuestra vida presente más complicada de lo que sería si no los hubiéramos cometido.

Aun así, no quiero sugerir que Cristo no tenga poder sobre esas cicatrices. Tal vez Él no elimine todos los problemas que nos causan estas cicatrices, pero ha prometido obrar a nuestro favor, aun en medio de todos estos problemas, si lo amamos y somos llamados conforme a su propósito.

Tomemos por ejemplo la pareja imaginaria de la que acabo de hablar. Prefiero pensar que tuvieron un final feliz. Quisiera pensar que al final disfrutaron una relación sexual satisfactoria porque ellos trabajaron en ello abiertamente en oración constante y dependencia de la gracia de Dios. Hablaron acerca de todos sus sentimientos. No ocultaron nada. Confiaron el uno en el otro y se ayudaron mutuamente, y encontraron su camino a la paz y la armonía sexual y, por encima de todo, nuevas dimensiones de la gracia de Dios.

Cristo murió no solo para que en Él podamos tener relaciones sexuales libres de culpa en el matrimonio, sino también para Él poder, aun a través de nuestras cicatrices, comunicarnos algún bien espiritual.

Porque la fe usa el sexo como un arma contra Satanás

El tercer aspecto que cabe mencionar acerca de la fe y las relaciones sexuales en el matrimonio es que la fe usa el sexo contra Satanás. Veamos lo que dice 1 Corintios 7:3-5:

> El marido cumpla con la mujer el deber conyugal, y asimismo la mujer con el marido. La mujer no tiene potestad sobre su propio cuerpo, sino el marido; ni tampoco tiene el marido potestad sobre su propio cuerpo, sino la mujer. No os neguéis el uno al otro, a no ser por algún tiempo de mutuo consentimiento, para ocuparos sosegadamente en la oración; y volved a juntaros en uno, para que no os tiente Satanás a causa de vuestra incontinencia.

En Efesios 6:16, Pablo dice que debemos resistir al enemigo con el escudo de la fe. En esencia, aquí dice a las parejas casadas: "Resistan a Satanás con suficientes relaciones sexuales. No se abstengan por mucho tiempo, sino júntense pronto, para que Satanás no gane ventaja". Entonces, ¿a qué se refiere? ¿Nos protegemos de Satanás con el escudo de la fe o con el escudo del sexo?

La respuesta para las parejas casadas es que *la fe se sirve de la relación sexual como un medio de gracia*. Para las personas que Dios conduce al matrimonio, las relaciones sexuales son un medio ordenado por Dios para vencer la tentación del pecado (el pecado de adulterio, el pecado de las fantasías sexuales, el pecado de la pornografía, etc.). La fe acepta con humildad este regalo y da gracias.

Ahora, observen bien algo en el pasaje de 1 Corintios que acabo de citar. Pablo dice que el hombre y la mujer tienen derechos sobre el cuerpo del otro. Cuando los dos se vuelven una sola carne, sus cuerpos están a disposición del otro. Cada uno tiene el derecho de reclamar el cuerpo del otro para satisfacción sexual. No obstante, lo que realmente necesitamos notar es lo que Pablo ordena en los versículos 3 y 5 a la luz de estos derechos mutuos. Él no dice: "¡Reclamen! ¡Exijan sus derechos!"; él dice: "El marido cumpla con la mujer el deber conyugal, y asimismo la mujer con el marido" (v. 3). Y en el versículo 4 dice: "No os neguéis el uno al otro".

De manera categórica, Pablo insta a que el esposo o la esposa que desea satisfacción sexual no la tome ignorando las necesidades del otro. Antes bien, exhorta tanto al esposo como a la esposa a estar siempre dispuestos a dar su cuerpo cuando el otro lo quiera.

A partir de esto, y de las enseñanzas de Jesús en

general, deduzco que las relaciones sexuales felices y satisfactorias en el matrimonio dependen de que cada cónyuge busque satisfacer al otro. Si la dicha de cada uno es hacer al otro feliz, cientos de problemas quedarán resueltos.

Esposo, si tu dicha es darle satisfacción a ella, serás sensible a lo que ella necesita y quiere. Aprenderás que la preparación para un encuentro sexual satisfactorio a las 10 de la noche empieza con palabras tiernas a las 7 de la mañana y continúa a lo largo del día con amabilidad y respeto. Y, cuando llegue el momento, no te presentarás a ella como un tanque de guerra, sino que sabrás su ritmo y la guiarás hábilmente. A menos que ella te indique la señal, tú dirás: "Mi meta es su clímax, no el mío". Y descubrirá a la larga que es más bienaventurado dar que recibir.

Esposa, no siempre es el caso, pero puede que tu esposo quiera mantener relaciones sexuales más a menudo que tú. Martín Lutero decía que, a su parecer, dos veces a la semana era protección suficiente contra el tentador. Yo no sé si su esposa Katie estaba lista o no en cada ocasión. Pero, si tú no lo estás, concédeselo de todas formas. Al esposo no digo: "Tómalo de todas formas". De hecho, por el bien de ella puede que prescindas de ello. El objetivo consiste en superarse mutuamente en dar lo que el otro quiere. Ambos deben proponerse satisfacer al otro tanto como sea posible.

* * *

"Honroso sea en todos el matrimonio, y el lecho sin mancilla". Es decir, no pequen en sus relaciones sexuales. Y eso significa tener solo aquellas actitudes y practicar aquellos actos que provienen de la fe en las promesas de Dios que infunden esperanza. Deberíamos preguntarnos con frecuencia: "¿Esto que siento o hago nace del contentamiento de la fe o de la inseguridad ansiosa de la incredulidad?". Ese cuestionamiento les ayudará a resolver cientos de pequeñas y grandes decisiones éticas.

En este capítulo, he tratado simplemente de mostrar cómo influye la fe en tres aspectos de las relaciones sexuales en el matrimonio.

Primero, la fe le cree a Dios cuando dice que las relaciones sexuales en el matrimonio son buenas y limpias, y que quienes creen y conocen la verdad deben recibirlas con gratitud.

Segundo, la fe aumenta el disfrute de las relaciones sexuales en el matrimonio porque libera de la culpa del pasado. La fe cree la promesa de que Cristo murió por todos nuestros pecados, que en Él podemos gozar relaciones sexuales libres de culpa en el matrimonio.

Y, por último, la fe empuña contra Satanás el arma de la relación sexual. Una pareja casada asesta un duro golpe a la cabeza de la serpiente antigua cuando ambos se proponen brindar tanta satisfacción sexual al otro como sea posible. Me inspiro a alabar al Señor cuando pienso que, además de todo el gozo que procura el aspecto sexual del matrimonio, también resulta ser un arma temible contra nuestro antiguo adversario.

Sin embargo, Hebreos 13 contiene muchas más enseñanzas sobre el matrimonio. Por eso retomaremos este pasaje en el capítulo siguiente.

Reflexiones personales

HEBREOS 13:1-6

Permanezca el amor fraternal. [2] No os olvidéis de la hospitalidad, porque por ella algunos, sin saberlo, hospedaron ángeles. [3] Acordaos de los presos, como si estuvierais presos juntamente con ellos; y de los maltratados, como que también vosotros mismos estáis en el cuerpo. [4] Honroso sea en todos el matrimonio, y el lecho sin mancilla; pero a los fornicarios y a los adúlteros los juzgará Dios. [5] Sean vuestras costumbres sin avaricia, contentos con lo que tenéis ahora; porque él dijo: No te desampararé, ni te dejaré; [6] de manera que podemos decir confiadamente:

> El Señor es mi ayudador; no temeré
> Lo que me pueda hacer el hombre.

5
Honroso sea en todos el matrimonio

Conforme a lo tratado en el capítulo anterior, examinemos de nuevo Hebreos 13, empezando por el versículo 4, subrayando lo que significa para una pareja cristiana *honrar* el matrimonio, especialmente el propio, tanto en privado como en público.

Honrar el matrimonio como algo precioso

Lo primero que debemos saber es que la palabra que se traduce *honroso* significa más comúnmente "precioso" en el Nuevo Testamento. Es la palabra que se usa en 1 Corintios 3:12 donde Pablo habla de "oro, plata, piedras preciosas". Se usa en 1 Pedro 1:19 para referirse a "la sangre preciosa de Cristo". Aparece en 2 Pedro 1:4 para hablar de "preciosas y grandísimas promesas" de Dios.

Así que cuando Hebreos 13:4 dice "honroso sea en todos el matrimonio", debemos percibir el gran valor de algo. La Biblia nos dice que consideremos el matrimonio, especialmente el propio, como algo precioso. Que lo valoremos como oro, plata y piedras preciosas. Que sea respetado y venerado como la persona más noble y virtuosa que hayamos conocido. Que lo estimemos y apreciemos como algo extremadamente único y costoso. Cuando piensen en el matrimonio, en su matrimonio, déjense invadir por emociones de profundo respeto y santidad. Cultiven la estima del matrimonio como algo que no debe tocarse de manera despreocupada, manejarse con ligereza ni tratarse como algo ordinario. El matrimonio es precioso a los ojos de Dios, y por eso declara: "Honroso sea en todos el matrimonio".

Cómo ser salado

Mi objetivo aquí es hacerles un llamado en el nombre de Jesús, para la gloria de Dios y para su bien y el de su comunidad, a ponerse en sintonía con Dios respecto a su matrimonio, y a estar fuera de sintonía con la cultura occidental secular.

Con mi familia, leímos durante un verano todo el Evangelio de Lucas, y un día llegamos al final del capítulo 14 donde Jesús dice: "cualquiera que no renuncie a todo lo que tiene no puede ser mi discípulo". Jesús nos llama a desprendernos radicalmente de las cosas, de las cosas de este mundo en aras del reino. Luego, aparentemente de la nada, afirma: "Buena es la sal; mas si la sal se hiciere insípida, ¿con qué se sazonará? Ni para la tierra ni para el muladar es útil; la arrojan afuera. El que tiene oídos para oír, oiga" (Lc. 14:34-35).

¿Cuál es la conexión entre las dos afirmaciones? Le sugerí a mi familia (y ahora a ustedes) que los cristianos somos la sal de la tierra, al punto que estamos en desfase con los valores del mundo y en sintonía con los valores de Dios. Todas las naciones buscan qué vestir, qué comer, qué beber, qué alcanzar y con qué jugar. Pero ustedes deben estar libres de todo eso y buscar primeramente el reino, y entonces serán sal.

El mundo es como un pedazo de hamburguesa barata y desabrida. Es soso. Necesita sal para poder preservarse y adquirir la sazón del gozo eterno. Sin embargo, una gran parte de la iglesia hoy toma el ejemplo del mundo: en línea, en la televisión, en la radio y en los podcasts, en revistas, en apps y en periódicos, con voces que simplemente hablan de la cultura secular con apariencia religiosa, evidenciando simplemente el hecho de que gran parte de la iglesia misma es otro pedazo de hamburguesa insípida. Y cuando esa iglesia aterriza en el mundo, no ofrece una sabrosa hamburguesa. Lo único que ofrece es dos pedazos de hamburguesa insípida, sin sal, nada apetitosa y espiritualmente desprovista de gozo.

Así pues, los exhorto a no estar en sintonía con el mundo en lo que respecta al matrimonio. Los animo a no guiar lo que piensan y lo que sienten acerca de su matrimonio según el espíritu de nuestra era sino según Dios, que hizo los cielos y la tierra y todo lo que hay en ellos, aun el matrimonio, para la gloria de su nombre y el bien de su pueblo. Es así como se vuelven salados.

La sazón de Hebreos 13

Veamos el contexto de Hebreos 13:4 para percibir el sabor que permea este mandamiento de honrar el matrimonio. En realidad es un contexto sazonado con sal. No es una lista de reglas para el comportamiento cristiano. Es un contexto de amor, compasión, confianza, esperanza y libertad. Está sazonado con sal.

- El versículo 1 dice: "Permanezca el amor fraternal". Así pues, sigan amando a los creyentes. Cultiven la comunión de afecto profundo de los unos por los otros.
- El versículo 2 nos dice que no solo debemos amar a los creyentes que conocemos, sino también a los extraños, y ser hospitalarios con ellos (trataré el tema en el Apéndice 2). Dios los sorprenderá con bendiciones inesperadas.
- El versículo 3 dice que debemos amar a los presos y a quienes son maltratados.

Así que debemos amar a los otros creyentes, amar a los extraños y amar a los presos.

Luego viene el versículo 4 que habla acerca de honrar el matrimonio y guardar puro el lecho matrimonial. Como vimos en el capítulo anterior, después de esto viene el llamado a "vivir libres del amor al dinero" del versículo 5. Y a esto le siguen las liberadoras promesas según las cuales Dios nunca los desamparará ni los dejará, sino que será su ayudador para que sean libres de toda ansiedad por el dinero cuando confían en Él.

Yo creo que ese pasaje está bien sazonado. Habla de un tipo de vida radical, como el de Jesús. No amen el dinero. Confíen en Dios. Amen a los creyentes, amen a los extraños, amen a los presos, amen a los que sufren. Y justo en medio de todo ese estilo de vida radical, sazonado con sal, opuesto al mundo y a la manera de Dios, dice: "Honroso sea en todo el matrimonio, y el lecho sin mancilla".

Yo no sé cómo perciben ustedes este mandamiento para su matrimonio. Así es como yo lo percibo, y espero que ustedes también. Cuando se presenta justo en medio del mandato de amar a los creyentes, amar a los extraños, amar a los presos, amar a los maltratados, no amar el dinero, confiar en Dios y tener cuidado de ustedes mismos, cuando honrar el matrimonio aparece justo en medio de ese discurso divino, yo lo percibo como buenas noticias. Honrar el matrimonio, especialmente el suyo, es como amar a los creyentes. Honrar su matrimonio es como amar a los extraños. Honrar su matrimonio es como amar a los presos. Honrar su matrimonio es como no amar el dinero, porque Dios quiere cuidar de ustedes.

De manera que cuando yo veo, al final del versículo 4,

que "a los fornicarios y a los adúlteros los juzgará Dios", es decir, que Dios juzgará a quienes mancillan el lecho matrimonial, a quienes deshonran el matrimonio; cuando oigo esa advertencia, yo no oigo a un Dios que dispara a la más mínima provocación. Yo no oigo a un Dios irascible que solo espera golpear al fornicador o al adúltero. Lo que oigo es la afirmación solemne y veraz del *amor al prójimo.*

Dios se alegra cuando amamos a otros creyentes, se alegra cuando amamos a los extraños, se alegra cuando amamos a los presos, se alegra cuando no amamos el dinero y en cambio confiamos en Él para suplir nuestras necesidades, y se alegra cuando honramos el matrimonio. ¿Por qué? Porque el amor es bueno para los cristianos, el amor es bueno para los extraños, el amor es bueno para los presos, no amar el dinero es bueno para nuestra alma, y honrar el matrimonio es bueno para nosotros y para nuestra sociedad. Por lo tanto, Dios sería falto de amor si no juzgara a quienes degradan el matrimonio y lo mancillan, lo desvalorizan, lo ridiculizan y lo tratan con desprecio.

Espero que degusten la emocionante sazón de Hebreos 13:1-6, porque es maravillosamente salada. Encierra mucho de lo que Dios es, amor abundante y una ración generosa de asuntos como la advertencia del juicio y la promesa de que Dios nunca nos dejará si confiamos en Él. Cuando la Biblia nos llama a honrar el matrimonio, a guardar puro el lecho matrimonial, espero que podamos oír su mensaje como parte del llamado general de Jesús a ser cristianos radicales, libres, amorosos y salados que resisten la cultura presente.

Formas específicas de honrar el matrimonio

A manera de aplicación, permítanme ofrecer algunas ideas que pueden ayudarles a establecer una relación bíblica con una cultura desintegrada moralmente. Lo haré planteando algunas formas específicas en las que ambos pueden honrar el matrimonio ahora y en el futuro.

1. No lo confundan con lo que no es matrimonio

Lo que tengo aquí en mente es una relación homosexual entre dos hombres o dos mujeres. Vivimos en tiempos de gran confusión. Hasta hace pocas décadas, por lo que sabemos, ninguna sociedad en la historia del mundo había definido antes el matrimonio de tal modo que incluyera a dos personas del mismo sexo. Es una innovación abrumadora y sin precedentes.

Los miles de años de comportamiento humano unificado no son un accidente de la historia. El apóstol Pablo nos dice que las relaciones homosexuales no solo se revelan como pecado en la Escritura cristiana, sino también en la naturaleza.

> Por esto Dios los entregó a pasiones vergonzosas; pues aun sus mujeres cambiaron el uso *natural* por el que es *contra naturaleza*, y de igual modo también los hombres, dejando el uso *natural* de la mujer, se encendieron en su lascivia unos con

> otros, cometiendo hechos vergonzosos hombres con hombres, y recibiendo en sí mismos la retribución debida a su extravío (Romanos 1:26-27).

Dicha cualidad *natural* diseñada por Dios ha sido reconocida, hasta donde sabemos, a todo lo largo de la historia de la humanidad, hasta hace unas pocas décadas. Por eso digo que vivimos en tiempos de gran confusión. Así que, en su preparación para el matrimonio, permítanme mostrarles brevemente a partir de la Escritura por qué esta preciosa institución no es y no puede ser una unión entre dos personas del mismo sexo.

El matrimonio fue creado y definido por Dios en las Escrituras como *la unión sexual de pacto entre un hombre y una mujer en un compromiso mutuo y exclusivo para toda la vida, como esposo y esposa, con miras a reflejar la relación de pacto de Cristo con su Iglesia comprada por sangre.* Consideren cuatro pasajes de la Escritura para respaldar esta definición.

Creados varón y hembra

> *Y creó Dios al hombre a su imagen, a imagen de Dios lo creó; varón y hembra los creó. Y los bendijo Dios, y les dijo: Fructificad y multiplicaos; llenad la tierra, y sojuzgadla, y señoread en los peces del mar, en las aves de los cielos, y en todas las bestias que se mueven sobre la tierra (Génesis 1:27-28).*

De manera que Dios creó al hombre como varón y hembra con la misión de llenar la tierra con su gloria, puesto que fueron creados en la imagen de esa gloria y existen para reflejar la belleza y la grandeza de Dios en el mundo. La humanidad, desde el comienzo mismo, fue masculino y femenino, dos tipos diferentes de seres humanos gloriosos.

Una unión de pacto que se convierte en una sola carne

En el capítulo siguiente de Génesis, Dios vincula su diseño de lo masculino y lo femenino con el matrimonio. Cuando la mujer fue creada del costado de Adán, él exclama: "Dijo entonces Adán: Esto es ahora hueso de mis huesos y carne de mi carne; ésta será llamada Varona, porque del varón fue tomada. Por tanto, dejará el hombre a su padre y a su madre, y se unirá a su mujer, y serán una sola carne" (Génesis 2:23-24).

Dios creó al hombre varón y la hembra para que hubiera una unión sexual de "una sola carne" y un vínculo de pacto ("aferrar") con miras a multiplicar la raza humana y a demostrar el pacto de Dios con su pueblo. Veremos en un momento que el diseño del matrimonio basado en el modelo de la relación de Dios con su pueblo constituye un profundo misterio que no será revelado completamente hasta la venida Cristo.

El diseño para el matrimonio

Jesús, retomando esta conexión entre la creación y el matrimonio y el pacto para toda la vida, conectó ambos pasajes:

> ¿No habéis leído que el que los hizo al principio, varón y hembra los hizo [Génesis 1:27], y

> dijo [citando Génesis 2:24]: Por esto el hombre dejará padre y madre, y se unirá a su mujer, y los dos serán una sola carne? Así que no son ya más dos, sino una sola carne; por tanto, lo que Dios juntó, no lo separe el hombre (Mateo 19:4-6).

Al enlazar el pasaje del matrimonio con la creación de la humanidad como varón y hembra, Jesús muestra que la unión de la masculinidad y la feminidad *es parte esencial del diseño de Dios para el matrimonio.* ¿Qué "unió" Dios en matrimonio? Un hombre y una mujer. Hoy día, en nuestra nueva era de experimentación y aberración sexual, esta puede ser una posición extremadamente polémica.

Reflejar a Cristo y a la Iglesia

Hay otro pasaje que deja aún más claro que la masculinidad y la feminidad son esenciales en el significado más profundo del matrimonio, el profundo misterio al que Pablo se refiere.

> Así que, como la iglesia está sujeta a Cristo, así también las casadas lo estén a sus maridos en todo. Maridos, amad a vuestras mujeres, así como Cristo amó a la iglesia, y se entregó a sí mismo por ella... "Por esto [citando Génesis 2:24] dejará el hombre a su padre y a su madre, y se unirá a su mujer, y los dos serán una sola carne". Grande es este misterio; mas yo digo esto respecto de Cristo y de la iglesia.

Desde el principio, el matrimonio ha encerrado un significado misterioso y profundo que sobrepasa incluso lo que fue revelado en la naturaleza. Pablo ahora revela ese misterio. Y el misterio es este: Dios hizo al hombre varón y hembra con su naturaleza masculina y femenina diferenciada y sus roles particulares, con el propósito de que ellos, como esposo y esposa en un matrimonio, demuestren el amor de pacto entre Cristo y la Iglesia.

Esto significa que los roles fundamentales de esposa y esposo no son intercambiables. El esposo demuestra el amor sacrificado de Cristo como cabeza, y la esposa se somete a ese liderazgo con gozo y demuestra el papel de fidelidad al pacto que Dios planeó para su pueblo. El misterio del matrimonio consiste en que Dios tenía en mente esta doble demostración (de la Iglesia y de Cristo, esposa y esposo) cuando creó al hombre como varón y hembra. La realidad más profunda que existe en el universo sustenta el matrimonio como una unión de pacto entre un hombre y una mujer.

Por lo anterior, las relaciones del mismo sexo no pueden representar lo que Dios dispuso que fuera el matrimonio. Dos hombres o dos mujeres no pueden representar el misterio que Dios estableció que el hombre y la mujer demostraran en el matrimonio. Dicho de manera sencilla y directa, *no existe el "matrimonio del mismo sexo"*. Puede ser que un gobierno decida legalizarlo y llamarlo matrimonio, pero no lo es. Mi punto aquí es no solamente que el supuesto matrimonio del mismo sexo *no debería* existir, sino que *no existe* y *no puede* existir.

No quiero dejarlos con la impresión equivocada. Las *inclinaciones* hacia personas del mismo sexo no pertenecen a la misma categoría que las prácticas con personas del mismo sexo. Cuando la Biblia dice que los hombres que "*practican* la homosexualidad" ninguno de ellos "heredará el reino de Dios" (1 Corintios 6:9-10, NTV), se refiere al rechazo de la verdad de Dios por falta de arrepentimiento y a la práctica de relaciones homosexuales. Muchos hombres y mujeres piadosos que experimentan atracción hacia personas del mismo sexo rechazan esas inclinaciones como la realidad que las define, y llevan una vida de negación a sí mismas y de pureza sexual, al igual que miles de personas solteras cuyos deseos heterosexuales no se satisfacen fuera del matrimonio.

Oro porque en su preparación para el matrimonio ustedes edifiquen su relación sobre el evangelio de Jesucristo, el cual les permitirá perdonarse continuamente y recuperar el gozo que es conforme al evangelio, cuando el pecado les haya acarreado penoso conflicto.

Si ustedes edifican así su matrimonio sobre el evangelio, juntos extenderán un ministerio de gracia que beneficie a otras personas que viven quebrantadas y en pecado. Esto incluye extender una actitud de gracia y un hogar cordial para aquellos que sienten atracción hacia personas del mismo sexo. Ustedes vivirán no solo bajo la luz de 1 Corintios 6:9-10 (con su vehemente advertencia contra la práctica homosexual), sino también bajo la luz esperanzadora del siguiente versículo: "Algunos de ustedes antes eran así; pero fueron limpiados; fueron hechos santos; fueron hechos justos ante Dios al invocar el nombre del Señor Jesucristo y por el Espíritu de nuestro Dios" (NTV).

Este es el corazón del cristianismo bíblico, dentro y fuera del matrimonio: "Algunos de ustedes antes *eran* así". Algunos cristianos en la iglesia de Corinto *habían sido* fornicarios, adúlteros, borrachos y hombres que practicaban la homosexualidad. Cuando buscaron a Cristo para recibir esperanza y ayuda en su lucha con el pecado, no fueron rechazados. Fueron incorporados.

La manera en que fueron incorporados es siendo "hechos justos al invocar el nombre del Señor Jesús". Es decir, ellos pusieron su confianza en Jesús, se apartaron de su práctica pecaminosa y renunciaron a la satisfacción pecaminosa de sus deseos. Entonces Dios los consideró como justos al atribuirles su propia pureza, los consideró aceptos delante de sus ojos, y los adoptó como parte de su familia. De nuestra familia.

Que el matrimonio de ustedes sea un matrimonio saturado del evangelio. Que puedan permanecer firmes y fuertes, en estos tiempos tan confusos, en su compromiso con el matrimonio como *la unión sexual de pacto entre un hombre y una mujer en lealtad mutua y exclusiva para toda la vida, como esposo y esposa, con miras a reflejar el amor de pacto inquebrantable entre Cristo y su Iglesia.*

Esta visión del matrimonio les traerá las más grandes bendiciones y les permitirá ser de gran bendición para otros que con urgencia necesitan ver la belleza del evangelio hecho realidad en su matrimonio.

2. No cometan fornicación o adulterio

La segunda manera en la que pueden honrar el matrimonio es cuidarse de fornicación y adulterio.

Por eso, la segunda parte de Hebreos 13:4 dice: "el lecho sin mancilla; pero a los fornicarios y a los adúlteros los juzgará Dios". La palabra que se traduce "fornicarios" se refiere a quienes cometen fornicación, a diferencia del adulterio. El autor tiene en mente dos formas diferentes de deshonrar el matrimonio y de mancillar el lecho matrimonial: el adulterio y la fornicación. Ambos cometen, en esencia, el mismo mal: tener relaciones sexuales con alguien que no es su pareja legal. Se llama adulterio si la persona está casada, y se llama fornicación si la persona no está casada.

Sin embargo, ambos pecados deshonran el matrimonio y mancillan el lecho matrimonial porque Dios hizo el matrimonio, y solo el matrimonio, como el único lugar santo y seguro para las relaciones sexuales, y el único que proporciona gozo verdadero (cf. 1 Corintios 7:2). El texto dice que Dios juzgará a los fornicarios y a los adúlteros porque deshonran el matrimonio y mancillan el lecho matrimonial. En otras palabras, el juicio de Dios recae sobre las personas faltas de arrepentimiento que destruyen lo que fue diseñado para traer gozo.

La palabra *arrepentimiento* nos lleva a la tercera y última forma en la que podemos honrar el matrimonio y guardar el lecho matrimonial sin mancilla (aunque hay muchas más).

3. Vivan la realidad del perdón, el gozo y la esperanza

Honramos el matrimonio cuando vivimos un futuro puro y feliz a cambio de nuestro pasado impuro y perdonado.

El texto nos dice que Dios juzgará a los fornicarios y a los adúlteros. En 1 Corintios 6:9 se afirma esto, y luego el versículo 11 dice: "Algunos de ustedes antes eran así; pero fueron limpiados; fueron hechos santos; fueron hechos justos ante Dios al invocar el nombre del Señor Jesucristo y por el Espíritu de nuestro Dios" (NTV).

Queda claro que hay juicio para los fornicarios y los adúlteros, pero no para todos ellos. Para algunos, hay una forma de escapar del juicio. Hebreos enseña este mensaje claramente. Hebreos 9:27-28 dice: "Y de la manera que está establecido para los hombres que mueran una sola vez, y después de esto el juicio, así también Cristo fue ofrecido una sola vez para llevar los pecados de muchos; y aparecerá por segunda vez, sin relación con el pecado, para salvar a los que le esperan".

De modo que, como puede verse, *habrá* un juicio. Sin embargo, Cristo ha llevado los pecados de muchos, ha recibido el juicio por la fornicación y el adulterio de ellos. Y ahora viene, no para hacer eso otra vez, sino para salvarnos del juicio final.

Miremos también Hebreos 10:12-13: "pero Cristo, habiendo ofrecido una vez para siempre un solo sacrificio por los pecados, se ha sentado a la diestra de Dios, de ahí en adelante esperando hasta que sus enemigos sean puestos por estrado de sus pies". Una vez más, vemos dos hechos: Cristo cargó los pecados como la fornicación y el adulterio y pagó por ellos con su propia muerte. *No obstante*, llegará el momento en que sus enemigos sean puestos por estrado de sus pies. Hay un juicio.

Por consiguiente, vemos dos grupos de personas: aquellas cuyos pecados Jesús ha cubierto y perdonado (Hebreos 8:12; 10:17), y aquellas cuyos pecados recaerán sobre sus propias cabezas en el juicio. La diferencia está en apartarse del pecado y acudir a Dios por medio de Jesús para recibir perdón y auxilio. Hebreos 7:25 dice que Jesús "puede también salvar perpetuamente a los que por él se acercan a Dios, viviendo siempre para interceder por ellos". Así pues, a todo lo largo de su compromiso y matrimonio, apártense y sigan apartándose de la fornicación. Apártense y sigan apartándose del adulterio. Acérquense a Dios por medio de Jesús, y Él los salvará perpetuamente. Él los facultará para vivir un futuro puro y feliz a cambio de un pasado impuro y perdonado.

Por qué esta clase de vida honra el matrimonio

Vivir la realidad del perdón y la esperanza honra el matrimonio porque Dios creó el matrimonio como una representación viva de la relación de amor entre Cristo y su novia, la Iglesia (ver de nuevo Efesios 5). De modo que quienes mejor honran este propósito son aquellos que experimentan el perdón, la limpieza y el gozo que Dios se propuso representar en el matrimonio.

Podría decir mucho más. Sin embargo, dejaré el resto a la obra del Espíritu Santo, a la Palabra de Dios y la oración en sus vidas. Que Dios haga de ustedes una pareja sazonada con sal, personas cuyas vidas encarnan el bien y hacen bien a nuestra sociedad decadente.

Reflexiones personales

6
La meta suprema: El matrimonio para la gloria de Dios

El tema que trataré en este capítulo final es "El matrimonio para la gloria de Dios", una continuación lógica de todo lo que ya he presentado en este libro. El tema no es "La gloria de Dios *para* el matrimonio". Tampoco es "El matrimonio *por* la gloria de Dios". El tema es "El matrimonio para la gloria de Dios".

Esta pequeña palabra *para* indica que existe un orden de prioridad, de supremacía. Y el orden es claro: Dios es supremo, el matrimonio no. Dios es la Realidad de importancia suprema; el matrimonio es menos importante, mucho menos importante, infinitamente menos importante.

El matrimonio existe para magnificar la verdad, el valor, la belleza y la grandeza de Dios; Dios no existe para magnificar el matrimonio. Mientras este orden no sea evidente y valorado, mientras no sea visto y saboreado, no se experimentará el matrimonio como una revelación de la gloria de Dios, sino como un rival de la gloria de Dios.

Yo considero que mi tema "El matrimonio para la gloria de Dios" es una respuesta a la pregunta *¿por qué el matrimonio?* ¿Por qué existe el matrimonio? ¿Por qué vivimos en matrimonios?

Esto significa que mi tema es parte de una pregunta más amplia: ¿Por qué existe algo? ¿Por qué existen ustedes? ¿Por qué existe el sexo? ¿Por qué existen la tierra, el sol, la luna y las estrellas? ¿Por qué existen los animales, las plantas, los océanos, las montañas, los átomos y las galaxias?

La respuesta a todas estas preguntas, que incluye la del matrimonio, es que todo ello existe por y para la gloria de Dios. Es decir, existen para engrandecer la verdad, el valor, la belleza y la grandeza de Dios. Engrandecen, no a la manera de un *microscopio*, sino a la manera de un *telescopio*.

Los microscopios engrandecen las cosas pequeñas haciéndolas ver más grandes de lo que son. Los telescopios engrandecen lo que es inimaginablemente grande para que se vea como es realmente. Los microscopios ofrecen una apariencia de tamaño alejada de la realidad. Los telescopios ofrecen una apariencia de tamaño cercana a la realidad.

Cuando digo que todas las cosas existen para engrandecer la verdad, el valor, la belleza y la grandeza de Dios, quiero decir que todas las cosas, y el matrimonio en particular, existen para que la imagen de Dios en la mente de las personas sea más cercana a la realidad.

La realidad suprema

Dios es inimaginablemente grande e infinitamente valioso, y sin igual en su belleza. "Grande es Jehová, y digno de suprema alabanza; y su grandeza es inescrutable" (Salmo 145:3). Todo lo que existe fue creado para engrandecer esa Realidad. Dios exclama por medio del profeta Isaías: "trae de lejos mis hijos, y mis hijas de los confines de la tierra, todos los llamados de mi nombre; *para gloria mía* los he creado, los formé y los hice". Fuimos creados para mostrar la gloria de Dios.

Pablo concluye los primeros once capítulos de su magnífica carta a los Romanos con la exaltación de Dios como la fuente y el fin de todas las cosas: "Porque de él, y por él, y para él, son todas las cosas. A él sea la gloria por los siglos. Amén" (Romanos 11:36). Él lo expresa todavía más claro en Colosenses 1:16, donde dice: "Porque en él [Cristo] fueron creadas todas las cosas, las que hay en los cielos y las que hay en la tierra... todo fue creado por medio de él y para él".

Y, ¡ay de nosotros si pensamos que *para Él* quiere decir "por su necesidad", "para su beneficio" o "para su perfeccionamiento"! Pablo deja totalmente claro en Hechos 17:25 que Dios no es "honrado por manos de hombres, como si necesitase de algo; pues él es quien da a todos vida y aliento y todas las cosas". No. *Para su gloria* y *para Él* significa "para la manifestación de su gloria", "para la demostración de su gloria" o "para el engrandecimiento de su gloria".

Es preciso que nos detengamos a comprender esto. Una vez era Dios, y solo Dios. El universo es creación suya. No es coeterno con Dios. No es Dios. "En el principio era el Verbo, y el Verbo era con Dios, y el Verbo era Dios... Todas las cosas por Él fueron creadas, y sin Él nada de lo que ha sido hecho, fue hecho" (Juan 1:1, 3). Todas las cosas. Todo lo que no es Dios fue hecho por Dios. De modo que en algún momento, lo único que existía era Dios.

Por lo tanto, Dios es la Realidad absoluta. Nosotros no lo somos. El universo tampoco. El matrimonio no lo es. La raza humana ni es ni la realidad suprema, ni el valor supremo, ni la medida suprema de lo que es bueno, verdadero o hermoso. Dios es el absoluto supremo de la existencia. Todo lo demás es de Él, por Él y para Él.

Este es el punto de partida para entender su matrimonio. Si tienen una idea errónea de esto, todo lo demás será un error. Si entienden esto bien, realmente bien, en sus mentes y en sus corazones, su matrimonio será transformado por ello. Su matrimonio se convertirá en aquello que Dios se propuso al crearlo: una demostración de la verdad, la belleza y la grandeza de Dios.

Menos matrimonio, más Dios

Esto nos lleva a una conclusión muy sencilla, sencilla y a la vez trascendental. Si los creyentes en Jesús queremos ver que el matrimonio ocupa el lugar que le corresponde en el mundo y en la iglesia, es decir, si queremos que el matrimonio glorifique la verdad, el valor, la belleza y la grandeza de Dios, debemos enseñar y predicar menos acerca del matrimonio y más acerca de Dios.

Cabe decir que la mayoría de los jóvenes de hoy no traen a su cortejo y matrimonio una gran visión de Dios, de quién es Él, cómo es Él y cómo obra. El mundo carece casi por completo de una visión de Dios. Ni siquiera está en la lista de invitados. Es simple y asombrosamente excluido. Y en la iglesia, la visión de Dios que las parejas jóvenes traen a su relación es, con frecuencia, pequeña y no grandiosa, marginal en lugar de central, difusa en vez de clara, irrelevante en vez de determinante, tediosa en vez de cautivadora, de tal modo que, cuando se casan, la idea de vivir el matrimonio para la gloria de Dios carece de significado y de contenido.

¿Qué puede significar la gloria de Dios para una joven esposa o un joven esposo que casi no dedica tiempo ni atención alguna a *conocer* la gloria de Dios, la gloria de Jesucristo, su divino Hijo…?

- la gloria de su naturaleza eterna que pareciera estallar en nuestra mente con el pensamiento infinito de que Dios nunca tuvo un principio, sino que simplemente ha existido siempre;
- la gloria de su conocimiento que hace que la Biblioteca del Congreso de los Estados Unidos parezca una caja de fósforos y la física cuántica una cartilla de primaria;

- la gloria de su sabiduría que nunca ha sido y nunca podrá ser aconsejada por los hombres;
- la gloria de su autoridad sobre el cielo, la tierra y el infierno, sin cuyo permiso ningún hombre y ningún demonio puede moverse un centímetro;
- la gloria de su providencia, sin la cual ni una sola ave cae en tierra o un solo cabello se vuelve blanco;
- la gloria de su palabra que sostiene el universo y mantiene unidos los átomos y las moléculas;
- la gloria de su poder para caminar sobre el agua, limpiar a los leprosos, sanar a los cojos, abrir los ojos de los ciegos, hacer oír a los sordos, calmar tormentas con su voz y resucitar a los muertos;
- la gloria de su pureza para nunca pecar, ni tener una sola mala actitud o un mal pensamiento;
- la gloria de su fidelidad que nunca incumple su palabra ni deja una sola promesa caer en tierra;
- la gloria de su justicia para liquidar todas las cuentas morales en el universo, ya sea en la cruz o en el infierno;
- la gloria de su paciencia para soportar nuestra torpeza década tras década;
- la gloria de su obediencia soberana y humilde para aceptar dispuesto el dolor atroz de la cruz;
- la gloria de su ira que un día llevará a las personas a clamar que las rocas y las montañas caigan sobre ellas;
- la gloria de su gracia que justifica al impío; y
- la gloria de su amor que muere por nosotros aún cuando éramos pecadores.

¿Cómo pueden las personas vivir sus vidas de modo que sus matrimonios demuestren la verdad, el valor, la belleza y la grandeza de su gloria, cuando prácticamente no consagran energía ni tiempo para conocer y apreciar esta gloria?

Quizá puedan entender por qué he llegado a considerar mi misión en la vida en términos muy sencillos: Difundir la pasión por la supremacía de Dios en todas las cosas para el gozo de todos los pueblos. Esa es la necesidad. Mientras no exista una pasión por la supremacía y la gloria de Dios en los corazones de las personas casadas, el matrimonio no va a vivirse para la gloria de Dios.

Y no habrá una pasión por la supremacía y la gloria de Dios en los corazones de las personas casadas hasta que Dios mismo, en sus innumerables glorias, sea conocido. Y Él no va a ser conocido en sus innumerables glorias hasta que los pastores y los maestros hablen de Él de manera infatigable, constante, profunda, bíblica, fiel, clara, exhaustiva y apasionada. El matrimonio vivido para la gloria de Dios será el fruto de iglesias saturadas de la gloria de Dios.

Así pues, repito, si los creyentes en Jesús quieren que el matrimonio glorifique la verdad, el valor, la belleza y la grandeza de Dios, debemos enseñar y predicar menos acerca del matrimonio y más acerca de Dios. No es que prediquemos demasiado sobre el matrimonio, sino que es posible predicar demasiado poco acerca de Dios. Dios simplemente no es la figura majestuosa que ocupa el centro de la vida de la mayoría de los cristianos. Él no es el sol alrededor del cual todos los planetas de nuestra vida diaria se mantienen en órbita y encuentran el lugar que Dios les ha asignado. Él es más como la luna, que crece y mengua, y pueden pasar noches sin que pensemos en Él.

Para la mayoría de cristianos, Dios es una figura marginal, y cientos de cosas buenas pero secundarias usurpan el lugar que a Él le corresponde. Pensar que los matrimonios pueden vivirse para su gloria enseñando acerca de las dinámicas de las relaciones, cuando la gloria de Dios ocupa nada más la periferia, es como esperar que el ojo humano glorifique las estrellas cuando no contemplamos el cielo estrellado y nunca hemos comprado un telescopio.

Abre mil puertas

Conocer a Dios, apreciar a Dios y valorar la gloria de Dios por encima de todas las cosas, incluso el cónyuge, será la clave para vivir un matrimonio para la gloria de Dios. Esto es cierto en el matrimonio, como lo es en cualquier otra relación: Dios se glorifica más en nosotros cuanto más satisfechos estamos en Él.

He aquí una llave que abre mil puertas. La suma satisfacción en Dios por encima de las cosas terrenales, incluso del cónyuge, la salud y hasta la propia vida (Salmo 63:3, "mejor es tu misericordia que la vida") es la fuente de gran longanimidad, sin la cual los esposos no pueden amar a sus esposas como Cristo, y las esposas no pueden dejarse guiar como la novia de Cristo, la Iglesia. Efesios 5:22-25 deja claro que los esposos deben seguir el ejemplo de liderazgo y amor de Cristo, y que las esposas deben seguir el ejemplo de sumisión y amor conforme a la devoción hacia Dios de la Iglesia por la cual murió. Y ambos actos complementarios de amar, liderar y someterse, son inviables para la gloria de Dios si no existe una satisfacción superior en todo lo que Dios es para nosotros en Cristo.

Permítanme expresarlo de otra manera. Hay dos niveles en los cuales la gloria de Dios puede brillar en su matrimonio. Uno es a nivel estructural, cuando ambos cumplen los roles que Dios les ha asignado, el hombre siendo un líder como Cristo, y la esposa que apoya y sigue ese liderazgo. Cuando esos dos roles se cumplen, la gloria del amor de Dios y la sabiduría en Cristo son manifiestas al mundo.

Sin embargo, hay otro nivel más profundo y fundamental donde la gloria de Dios debe brillar si los roles han de preservarse en su matrimonio según el diseño de Dios. El poder y el impulso de vivir en la negación de sí mismo y la muerte diaria, mensual y anual que se requieren a fin de amar a una esposa imperfecta y respetar a un esposo imperfecto, deben nacer de una satisfacción superior en Dios que infunde esperanza y sustenta el alma. Yo no creo que el amor mutuo de los cónyuges pueda glorificar a Dios a este nivel a menos que fluya de un corazón que se deleita en Dios *más que en el matrimonio.*

Su matrimonio será preservado para la gloria de Dios y moldeado para la gloria de Dios cuando la gloria de Dios sea más preciosa para ustedes que su propio matrimonio. Cuando ustedes puedan decir como el apóstol Pablo: "estimo todas las cosas como pérdida por la excelencia del conocimiento de Cristo Jesús, mi Señor" (Filipenses 3:8), cuando ustedes puedan decir *eso* respecto a *su* matrimonio, acerca de su esposo o esposa, entonces vivirán su matrimonio para la gloria de Dios.

Concluyo esto con un intento por expresarme de otra forma, más precisamente, con un poema que escribí para mi hijo el día de su boda.

Ámala más y ámala menos

Para Karsten Luke Piper en el día de su boda con Rochelle Ann Orvis
29 de mayo, 1995

El Dios que hemos amado,
y en quien hemos vivido, y que ha sido
nuestra Roca estos buenos veintidós años
contigo, ahora nos ruega, con dulces lágrimas,
que te dejemos ir: "Dejará el hombre
a su padre y a su madre, y se unirá
a su mujer, y serán una sola carne,
sin avergonzarse y libres".
Esta es la palabra de Dios hoy,
y con gusto obedecemos.
Porque Dios te ha dado una novia
que es la respuesta a cada oración
durante más de veinte años, nuestro clamor
por ti, antes de que conociéramos su nombre.

Y ahora me pides que escriba
un poema, cosa riesgosa a la luz
de lo que tú ya sabes: que soy más
un predicador que poeta o artista.
Me honra tu valentía, y cumplo.
No protesto los dulces confines
de pares rimados y líneas medidas.
Son viejos amigos.
Les gusta cuando

les pido que me ayuden una vez más
a dar forma a mis sentimientos
y a preservarlos cálidos y duraderos.

Nos encontramos tú y yo hace poco,
y con ello el torrente de amor y alabanza,
y el consejo del corazón de un padre
fluyeron hacia las riberas del arte.
He aquí una porción de la corriente,
hijo mío: un poema sermón. Su tema:
La asombrosa doble regla del amor;
una doctrina en una paradoja:

Si ahora quieres a tu esposa bendecir,
ámala más y ámala menos.

Si en los años venideros, por alguna
extraña providencia de Dios, llegas
a poseer las riquezas de este mundo,
y, sin dificultad, caminas por el escenario
al lado de tu esposa, asegúrate de amarla;
ámala más que a las riquezas.

Y si tu vida se entrelaza con
cientos de amistades, y tejes
un manto festivo con todos
tus dulces afectos, grandes y pequeños,
asegúrate, sin importar cuánto se rasgue,
de amarla; ámala más que a los amigos.

Y si llega un punto en que
estés cansado, y la pena susurra: "Hazte
un favor. Anda, libérate,
abraza las comodidades conmigo".
¡Considera! Tu esposa las sobrepasa:
así que ámala, ámala más que a tu bienestar.

Y cuando tu lecho matrimonial sea puro,
y no haya la más ligera tentación
de lujuria por nadie aparte de tu esposa,
y todo sea éxtasis en la vida,
un secreto protege todo esto:
ámala, ámala más que al sexo.

Y si tu paladar se vuelve refinado,
y te conmueve lo que la mente
del hombre es capaz de hacer, y te deslumbra
su destreza, recuerda que la razón
de toda su obra está en el corazón;
así que ámala, ámala más que al arte.

Y si tu propio oficio
llega a ser, según todos los críticos
digno de gran estima,
y las ventas exceden todos tus sueños,
cuídate de los peligros del nombre.
Y ámala, ámala más que a la fama.

Y si, para sorpresa tuya, no mía,
Dios te llama por algún designio extraño

a arriesgar tu vida por una gran causa,
no dejes que el miedo o el amor te detengan,
y cuando encares las puertas de la muerte,
entonces ámala, ámala más que al aliento.

Sí, ámala, ámala, más que a la vida;
oh, ama a esa mujer llamada tu esposa.
Ámala como tu mejor regalo en la tierra.
No te aventures más allá de eso.
Para que tu amor no se vuelva la fachada de un tonto,
asegúrate de amarla menos que a Dios.

No es sabio ni amable llamar
a un ídolo por nombres dulces,
y caer en humildad,
frente a una semejanza de tu Dios.
Adora, por encima de tu gran amor sobre la tierra,
al único Dios que a ella da valor.
Ella entenderá desde su lugar secundario
que tu gran amor es también gracia,
y que ahora tus elevados afectos
fluyen libremente de un voto
respaldado por promesas, que
Dios te hizo primero.
No se marchitarán
porque están enraizadas en el torrente
del gozo celestial, el cual tú estimas
y atesoras más que al aliento y a la vida,
para poder darlas a tu esposa.

El mayor regalo que das a tu esposa
es amar a Dios más que a ella misma.
Y por eso te ruego ahora al bendecirte:
Ve y ámala más amándola menos.

Reflexiones personales

Apéndice 1

Algunas preguntas de preparación para el matrimonio

Teología

1. ¿Qué creen acerca de… todo? Sugiero para empezar que lean la Afirmación de Fe de Desiring God para evaluar lo que cree cada uno acerca de varias doctrinas bíblicas (www.desiringgod.org/affirmation-of-faith, disponible solo en inglés).

2. Descubran cómo se forman sus convicciones. ¿Qué pasos toman para razonar y aceptar sus creencias? ¿Cómo usan la Biblia?

Adoración y tiempo devocional

1. ¿Qué tan importante es la adoración corporativa y la membresía a la iglesia local? ¿Qué piensan de otros tipos de participación en la vida de iglesia? ¿Qué significa ser activo en una iglesia local?

2. ¿Qué tan importante es ser parte de un grupo pequeño de apoyo y rendición de cuentas?

3. ¿Cuál es la importancia de la música en la vida y en la adoración?

4. ¿Cuáles son sus prácticas devocionales diarias (oración, lectura, meditación, memorización)?

5. ¿Cómo creen que serían sus tiempos devocionales en familia? ¿Quién lideraría en eso?

6. ¿Estamos haciendo esto ahora de una manera apropiada (orando juntos por nuestras vidas y nuestro futuro, leyendo la Biblia juntos)?

Esposo y esposa

1. ¿Cuál es el significado del liderazgo y la sumisión en la Biblia y en nuestro matrimonio?

2. ¿Qué expectativas deberíamos tener acerca de situaciones en las que alguno de nosotros se encuentre a solas con alguien del sexo opuesto?

3. ¿Cómo vamos a distribuir las tareas domésticas (finanzas, limpieza, cocinar, lavar los platos, jardinería, mantenimiento de vehículos, reparaciones, compras de víveres y otras labores)?

4. ¿Cuáles son nuestras expectativas para pasar tiempo juntos?

5. ¿Cómo sería una noche cotidiana ideal?

6. ¿Cómo entendemos quién toma la iniciativa de tener sexo y con qué frecuencia?

7. ¿Quién llevará el libro de cuentas, o tendrán cuentas separadas?

Hijos

1. ¿Cuándo deberíamos tener hijos, si los tenemos? ¿Por qué?

2. ¿Cuántos?

3. ¿Con qué intervalo?

4. ¿Consideraríamos la posibilidad de adoptar?

5. ¿Cuáles son nuestros parámetros de comportamiento para nuestros hijos? ¿Pueden diferir de un niño a otro y aun así ser bíblicos?

6. ¿Cómo distinguimos entre castigo y disciplina?

7. ¿Cuáles serían las formas apropiadas de disciplinar a los hijos pequeños? ¿Cuántas oportunidades antes de que sean castigados físicamente? ¿Hasta qué edad? ¿Qué otras formas de disciplina pueden ser apropiadas?

8. ¿Cuáles son nuestras expectativas del tiempo que pasamos con nuestros hijos? ¿Cuáles son los rituales a la hora de dormir?

9. ¿Qué muestras de afecto tendremos para con los hijos?

10. ¿Qué de su educación? ¿Educaremos en casa? ¿Buscaremos una escuela cristiana? ¿Una escuela pública?

Estilo de vida

1. ¿Queremos ser o no propietarios de una casa? ¿Por qué?

2. ¿Qué clase de vecindario? ¿Por qué?

3. ¿Cuántos autos? ¿Nuevos? ¿Usados?

4. ¿Qué clase de vacaciones serían apropiadas y provechosas para nosotros?

5. ¿Qué visión general tenemos acerca del dinero? ¿Cuánto dinero daremos a la iglesia?

6. ¿Cómo pasaremos nuestros fines de semana y tiempos de descanso?

7. ¿Cómo se toman las decisiones financieras?

8. ¿Qué acerca de comprar ropa? ¿Nueva? ¿Usada? ¿Un poco de cada una? ¿De marca? ¿De moda? ¿Por qué?

Entretenimiento

1. ¿Cuánto dinero deberíamos gastar en entretenimiento?

2. ¿Con cuánta frecuencia deberíamos comer fuera de casa? ¿Dónde?

3. ¿Deberíamos comprar artículos de lujo? ¿Vehículos recreativos? ¿Juegos de computadora? ¿Equipo deportivo? ¿Herramientas o materiales para pasatiempos?

4. ¿Deberíamos tener televisión? ¿Dónde? ¿Qué es apropiado ver? ¿Cuánto?

5. ¿Cuáles serían nuestros criterios para las películas y el cine? ¿Cuáles serían nuestras directrices para los hijos?

Conflictos

1. ¿Qué les hace enojar?

2. ¿Cómo manejan su frustración o enojo?

3. ¿Cómo deberían abordar un asunto que es molesto?

4. ¿Qué pasa si están en desacuerdo acerca de lo que debe hacerse y acerca de la gravedad de un asunto?

5. ¿Nos acostaremos enojados?

6. ¿Cuál es nuestra opinión acerca de buscar ayuda de amigos o consejeros?

Trabajo

1. ¿Quién será el principal proveedor de ingresos?

2. ¿Debería la esposa trabajar fuera del hogar? ¿Antes de tener hijos? ¿Con los hijos en casa? ¿Después de los hijos?

3. ¿Qué pensamos acerca de las guarderías infantiles para los niños?

4. ¿Qué determina el lugar donde vivimos? ¿El trabajo? ¿El trabajo de quién? ¿La iglesia? ¿La familia?

Amigos

1. ¿Está bien pasar tiempo con los amigos pero sin el cónyuge?

2. ¿Qué haremos si uno de nosotros disfruta mucho pasar tiempo con alguien que no es del agrado del otro?

Salud y enfermedad

1. ¿Tienen o han tenido alguna enfermedad o problema que podría afectar su relación? (alergias, cáncer, desórdenes alimenticios, enfermedades venéreas, depresión, enfermedad frecuente, dolor crónico, etc.).

2. ¿Creen ustedes en la sanidad divina, y cómo manejarían la oración en relación con la atención médica?

3. ¿Qué piensan acerca del ejercicio y de la alimentación saludable?

4. ¿Tienen algunos hábitos que perjudican su salud?

Diferencias

1. ¿Cómo manejan y cómo viven las diferencias entre las personas?

____

____

____

____

____

____

2. ¿Cómo deciden qué diferencias pueden persistir sin poner en riesgo la relación?

____

____

____

____

____

____

1 PEDRO 4:7-11

Mas el fin de todas las cosas se acerca; sed, pues, sobrios, y velad en oración. [8] Y ante todo, tened entre vosotros ferviente amor; porque el amor cubrirá multitud de pecados. [9] Hospedaos los unos a los otros sin murmuraciones. [10] Cada uno según el don que ha recibido, minístrelo a los otros, como buenos administradores de la multiforme gracia de Dios. [11] Si alguno habla, hable conforme a las palabras de Dios; si alguno ministra, ministre conforme al poder que Dios da, para que en todo sea Dios glorificado por Jesucristo, a quien pertenecen la gloria y el imperio por los siglos de los siglos. Amén.

Apéndice 2

La virtud cristiana de la hospitalidad

Una estrategia de amor que exalta a Cristo en los últimos días

La motivación para este último apéndice es el deseo de exaltar a Cristo en la manera como las parejas casadas (y también los solteros) demuestran hospitalidad recíproca. Después de todo, ¿es la familia de Dios, creada por el nuevo nacimiento y la fe en Cristo, una familia más importante y más duradera que las familias naturales creadas mediante el matrimonio, la procreación y la adopción? Yo creo que así es, y que por consiguiente la forma como interactúan los miembros (casados y solteros) de esa familia espiritual y eterna (la Iglesia) constituye un testimonio crucial para el mundo, un testimonio de que nuestras vidas están orientadas hacia la supremacía de Cristo y que nuestras relaciones se definen no solo por naturaleza, sino por Cristo. Mi anhelo es ver a Cristo exaltado a través de personas casadas que integran a las solteras en sus vidas, y de personas solteras que integran a las casadas en sus vidas, por Cristo y por el evangelio.

Jesús dijo: "Y cualquiera que dé a uno de estos pequeñitos un vaso de agua fría solamente, por cuanto es discípulo, de cierto os digo que no perderá su recompensa" (Mateo 10:42). Por supuesto, Jesús también dijo que debemos amar a nuestros enemigos (Mateo 5:44), y Pablo señaló que debemos dar de beber a nuestro enemigo (Romanos 12:20). Esa clase de amor recibirá su recompensa. Sin embargo, Jesús dice en esencia que es nuestro deber ser amables con las personas precisamente porque somos seguidores de Jesús. Y eso también será recompensado.

En otras palabras, cuando en su matrimonio miran a los ojos de alguien y ven el rostro de un seguidor de Jesús, un hermano o una hermana de su familia eterna, esa relación compartida con Jesús debe inclinar sus corazones a expresar amabilidad de manera práctica, como la hospitalidad, en el nombre de Jesús. Jesús es el centro del asunto. Él dice que debemos hacerlo "por cuanto es mi discípulo". Cristo recibirá una honra especial si damos de beber a este discípulo *por esa razón.* Jesús nos dice: "Si lo recibes en tu casa, hazlo por mí".

El mundo material para la gloria de Dios

Si bien hemos hablado acerca de esto en el libro, ¿se han preguntado alguna vez *por qué Dios nos dio cuerpos e hizo un universo material?* Es una pregunta válida e importante. ¿Por qué resucita Él nuestro cuerpo y nos da uno nuevo? Y ¿por qué en su segunda venida va a liberar esta tierra para crear una nueva tierra donde podemos vivir para siempre en nuestros cuerpos nuevos? Si Dios había de ser alabado en gran manera ("grande es Jehová, y digno de suprema alabanza", Salmo 96:4), ¿por qué no se limitó a crear ángeles sin cuerpos pero con un gran corazón que hablaran solo a Dios y no entre sí? ¿Por qué existen todos estos cuerpos humanos y por qué deberían las personas ser capaces de comunicarse entre sí? Y ¿por qué existen los árboles, la tierra, el agua, el fuego, el viento, los leones, los corderos, los lirios, los pájaros, el pan y el vino?

Hay varias respuestas profundas y maravillosas a estas preguntas. No obstante, la única que quiero mencionar es esta: Dios hizo cuerpos y cosas materiales, e hizo el matrimonio, porque cuando son vistos de la manera correcta y se usan de la manera correcta, la gloria de Dios se conoce y se demuestra plenamente.

- "Los cielos cuentan la gloria de Dios" (Salmo 19:1).
- Consideren las aves del cielo y los lirios del campo y sabrán más acerca de la bondad y el cuidado de Dios (ver Mateo 6:26-28).
- Observen en las cosas que Él ha hecho "las cosas invisibles de él, su eterno poder y deidad" (Romanos 1:20).
- Observen el matrimonio y miren a Cristo y a la Iglesia (ver Efesios 5:23-25).
- "Todas las veces que comiereis este pan, y bebiereis esta copa, la muerte del Señor anunciáis hasta que él venga" (1 Corintios 11:26).

- "Si, pues, coméis o bebéis, o hacéis otra cosa, hacedlo todo para la gloria de Dios" (1 Corintios 10:31).

El mundo material dentro del cual su matrimonio se materializa no es un fin en sí mismo; está diseñado para desplegar la gloria de Dios y para despertar nuestros corazones para conocerlo y valorarlo más.

Considerar el alimento y el sexo como santos

La realidad física es buena. Dios la hizo como una revelación de su gloria. Su voluntad es que nosotros la santifiquemos y lo adoremos con ella, es decir, que la veamos en conexión con Él y la usemos de tal modo que lo estimemos a Él en gran manera y, al hacerlo, experimentemos gozo. Todo esto tiene que ver directamente con el matrimonio y la soltería. Nos guarda de idolatrar el sexo y la comida como dioses. No son dioses, sino que fueron hechos por Dios para honrar a Dios. Y nos guarda de temer al sexo y la comida como males. No son males, sino instrumentos de adoración, son maneras de estimar a Cristo en gran manera. El pasaje clave aquí es 1 Timoteo 4:1-5. Es uno de los pasajes más importantes en la Biblia acerca del significado de los apetitos físicos o el sexo.

> Pero el Espíritu dice claramente que en los postreros tiempos algunos apostatarán de la fe,

> escuchando a espíritus engañadores y a doctrinas de demonios; por la hipocresía de mentirosos que, teniendo cauterizada la conciencia, prohibirán casarse, y mandarán abstenerse de alimentos que Dios creó para que con acción de gracias participasen de ellos los creyentes y los que han conocido la verdad. Porque todo lo que Dios creó es bueno, y nada es de desecharse, si se toma con acción de gracias; porque por la palabra de Dios y por la oración es santificado.

El sexo y la comida fueron dos grandes ídolos en Asia Menor en el siglo I y lo son en los Estados Unidos en el siglo XXI. ¿Y cuál es la respuesta de Dios para quienes "resuelven" el problema de la idolatría del sexo y la comida solamente renunciando a ellos o evitándolos? Él dice que estos maestros son engañosos y demoniacos. La solución de Dios es diferente. Todo lo que Él creó es bueno, y nada es de desecharse, si se toma con acción de gracias y se santifica por la palabra de Dios y por la oración. La comida se santifica usándola conforme a la Palabra de Dios en oración de dependencia a Cristo.

Estimar a Cristo en gran manera, soltero o casado

Todo esto para decir simplemente que ni el matrimonio ni la soltería deben ser idolatrados o temidos. Tampoco la belleza del matrimonio como una parábola física del amor de pacto entre Cristo y la Iglesia. Ni la belleza de la soltería como una parábola física de la naturaleza espiritual de la familia de Dios; la familia que crece, no mediante el sexo y la procreación, sino por la regeneración y la fe.

El matrimonio *y* el celibato pueden ser por igual fuentes de idolatría. Los cónyuges pueden adorarse el uno al otro o adorar el sexo, adorar a sus hijos o adorar su poder adquisitivo de ingreso doble y sin hijos. Los solteros pueden adorar la autonomía y la independencia. Los solteros pueden considerar el matrimonio como un compromiso cristiano de segunda categoría del impulso sexual. Las personas casadas pueden considerar la soltería como una señal de inmadurez, irresponsabilidad, incompetencia e incluso de homosexualidad.

Lo que intento aclarar es que hay maneras de exaltar a Cristo estando casado y hay maneras de exaltar a Cristo siendo soltero. Hay maneras de usar nuestros cuerpos y nuestros apetitos físicos, tanto en el matrimonio como en la soltería, que dignifican a Cristo.

Un último comentario antes de pasar a nuestro pasaje de 1 Pedro. Se trata de la famosa frase en 1 Corintios 7:9: "si no tienen don de continencia, cásense, pues mejor es casarse que estarse quemando". Tengan en cuenta que, como indica el versículo 8, está dirigido explícita e igualmente a hombres y a mujeres. Y esto es lo que quiero resaltar del versículo: Cuando una persona procura casarse, sabiendo que de lo contrario como soltero o soltera se estaría "quemando", ¿debería esa persona considerar que este versículo enseña que la función primordial del matrimonio es servir como un simple canal para el impulso sexual? Definitivamente no. Pablo nunca diría tal cosa a la luz de su propósito general expresado en Efesios capítulo 5.

Antes bien, cuando un hombre se casa (y permítanme tomar simplemente el hombre como ejemplo), toma su deseo sexual y hace exactamente con este lo mismo que *todos* debemos hacer con todos nuestros deseos físicos si hemos de usarlos como medios para la adoración:

1. lo ajusta a la Palabra de Dios;
2. lo somete al modelo más elevado de amor y de cuidado;
3. transporta la música del placer físico a la música de la adoración espiritual;
4. escucha los ecos de la bondad de Dios en cada nervio;
5. busca duplicar su placer haciendo del gozo de su esposa su propio gozo; y
6. da gracias a Dios del fondo de su corazón porque sabe y siente que nunca mereció un solo minuto de ese placer.

Exaltar a Cristo mediante la hospitalidad

Ahora pasemos a 1 Pedro 4:7-11 y al tema central de este apéndice, a saber, el deseo de exaltar a Cristo en la manera como las personas casadas y solteras demuestran hospitalidad las unas por las otras. Vamos a ver el pasaje rápidamente con comentarios breves, y luego extraeremos algunas implicaciones sencillas y obvias, orando para que Dios use su Palabra poderosamente para cambiarnos para su gloria y para nuestro gozo.

El fin está cerca

"El fin de todas las cosas se acerca" (v. 7). Pedro sabe que con la venida del Mesías ha llegado el fin de los siglos (1 Corintios 10:11; Hebreos 12:2). El reino de Dios ha llegado (Lucas 17:21). Y, por lo tanto, el cumplimiento de todas las cosas podría arrasar con el mundo en poco tiempo.

Así pues, tal como Jesús nos enseñó a velar constantemente por nuestras vidas y a estar alerta, Pedro dice: "Sed, pues, sobrios, y velad en oración" (v. 7). Esto es, cultiven una relación muy personal con Aquel a quien esperan ver cara a cara en su venida. Que Cristo no sea un extraño para ustedes. No desearán encontrarse con Él en calidad de extraños. Y busquen en oración toda la ayuda que van a necesitar en estos últimos días a fin de poder permanecer firmes en los días de gran angustia (ver Lucas 21:36). Y no esperen que de manera espontánea se dispongan a orar. "Sed, pues, sobrios, y velad en oración".

El amor es primordial

Luego dice el versículo 8: "Y ante todo, tened entre vosotros ferviente amor; porque el amor cubrirá multitud de pecados". El amor es primordial, y será más necesario cuanto más cerca esté el fin. ¿Por qué? Porque las presiones, las angustias y las tribulaciones de los últimos días someterán las relaciones a una presión extrema. Con todo, en estos días nos necesitaremos los unos a los otros, y el mundo estará observando para constatar si somos genuinos: "En esto conocerán todos que sois mis discípulos, si tuviereis amor los unos con los otros" (Juan 13:35). ¿Cubriremos, sobrellevaremos y soportaremos los defectos y las debilidades de los demás, o dejaremos que el enojo gobierne en nuestros corazones?

La hospitalidad sin murmuraciones

El versículo 9 nos presenta una forma de expresar ese amor y nos dice que lo hagamos sin murmuraciones. "Hospedaos los unos a los otros sin murmuraciones". Si amamos de todo corazón y el amor cubre multitud de pecados, no nos quejaremos con tanta facilidad, ¿o sí? El amor cubre gran parte de lo que nos lleva a murmurar. Así pues, la hospitalidad sin murmuraciones es el llamado para los cristianos en los últimos días. Precisamente los días en los cuales el estrés es mayor, y cuando hay pecados que hace falta cubrir, y cuando abundan las razones para murmurar, precisamente en esos días, dice Pedro, lo que necesitamos hacer es practicar la hospitalidad.

Nuestras casas deben estar abiertas, porque nuestros corazones están abiertos. Y nuestros corazones están abiertos porque el corazón de Dios está abierto para nosotros.

¿Recuerdan cómo el apóstol Juan conectó el amor de Dios con nuestro amor al prójimo refiriéndose a la hospitalidad? Él escribió en 1 Juan 3:16-17: "En esto hemos conocido el amor, en que él puso su vida por nosotros; también nosotros debemos poner nuestras vidas por los hermanos. Pero el que tiene bienes de este mundo y ve a su hermano tener necesidad, y cierra contra él su corazón, ¿cómo mora el amor de Dios en él?".

Administradores de la gracia multiforme de Dios

Por último, simplemente señalaré lo que sucede cuando nos reunimos en nuestras casas. "Cada uno según el don que ha recibido, minístrelo a los otros, como buenos administradores de la multiforme gracia de Dios" (v. 10). Me encanta esa frase, "administradores de la multiforme gracia de Dios". Cada cristiano es un administrador, un tesorero, un mayordomo, un guarda, un distribuidor, un siervo de la multiforme gracia de Dios. ¡Qué magnífica razón para estar vivo! Cada cristiano vive por la gracia. "Y poderoso es Dios para hacer que abunde en vosotros toda *gracia*, a fin de que, teniendo siempre en todas las cosas todo lo suficiente, abundéis para toda buena obra" (2 Corintios 9:8). Si les da miedo la hospitalidad, si temen no tener suficiente fortaleza o riqueza personal, está bien. Así no intimidarán a nadie. Dependerán más de la gracia de Dios. Mirarán más la obra de Cristo y no su propia obra. ¡Y qué bendición recibirán otros a través de ustedes!

Recíbanse los unos a los otros como Cristo nos recibió

Este es mi tema: La virtud cristiana de la hospitalidad, una estrategia de amor que exalta a Cristo en los últimos días. Si ustedes pertenecen a Cristo, si por la fe han recibido su hospitalidad salvadora, la cual pagó con su propia sangre, entonces extiendan a otros esa hospitalidad. "Recibíos los unos a los otros, como también Cristo nos recibió, para gloria de Dios" (Romanos 15:7). Ustedes viven, cada día, de gracia gratuita. Sean buenos administradores de ella por medio de la hospitalidad.

Y en su matrimonio, planeen que su hospitalidad incluya tanto a personas casadas como solteras, en momentos diferentes, ya sean pequeños grupos, cenas dominicales, días de campo, celebraciones y festividades. No se compliquen. Solo actúen con naturalidad. Y no olviden que hay creyentes de todas las edades, de ochenta, setenta, sesenta, cincuenta, cuarenta, treinta, veinte; hombres y mujeres, los que han estado casados y los que nunca lo han estado, divorciados y viudos. Piensen como cristianos. Esta es su familia, a la que están unidos por un vínculo mucho más profundo y eterno que sus parientes de sangre.

Oro porque el Señor haga esta hermosa obra en nosotros, en todos nosotros. El fin de todas las cosas se acerca. Seamos sobrios y velemos en oración. Amémonos los unos a los otros. Seamos buenos administradores de la multiforme gracia de Dios, y brindemos hospitalidad sin murmuraciones. "[Recíbanse] los unos a los otros como Cristo nos recibió".

desiringGod

Todo el mundo quiere ser feliz. Nuestro sitio web nació y fue diseñado con ese fin. Queremos que todas las personas en todas partes entiendan y abracen la verdad según la cual Dios se glorifica más en nosotros cuanto más satisfechos estamos en Él. Hemos recopilado más de treinta años de intervenciones y escritos de John Piper, que además han sido traducidos a más de cuarenta idiomas. También publicamos diariamente nuevos materiales impresos y audiovisuales para ayudarle a encontrar verdad, propósito y satisfacción eternos. Todos los recursos están disponibles sin costo alguno, gracias a la generosidad de personas que han sido bendecidas por el ministerio.

Si desea acceder a más recursos para la felicidad verdadera, o si desea saber más acerca de nuestra obra en Desiring God, lo invitamos a visitar https://www.desiringgod.org/languages/spanish.

CON LA PARTICIPACIÓN DE:

Rick Warren | Francis Chan | R. C. Sproul
R. Albert Mohler Jr. | Thabiti Anyabwile

Pensar. Amar. Hacer.

Un llamado a glorificar a Dios con la mente y el corazón

EDITORES GENERALES

JOHN PIPER
y DAVID MATHIS

Nuestro Salvador mismo nos muestra que el cristianismo holístico se compone de mente, corazón y manos. Él nos enseña también que la vida cristiana es multidimensional: pensar, amar y hacer son conceptos que no se pueden reducir ni separar.

Con las colaboraciones de Francis Chan, Rick Warren, Albert Mohler, R. C. Sproul y Thabiti Anyabwile, *Pensar. Amar. Hacer* extiende una invitación profunda y convincente a experimentar la plenitud de la vida cristiana.

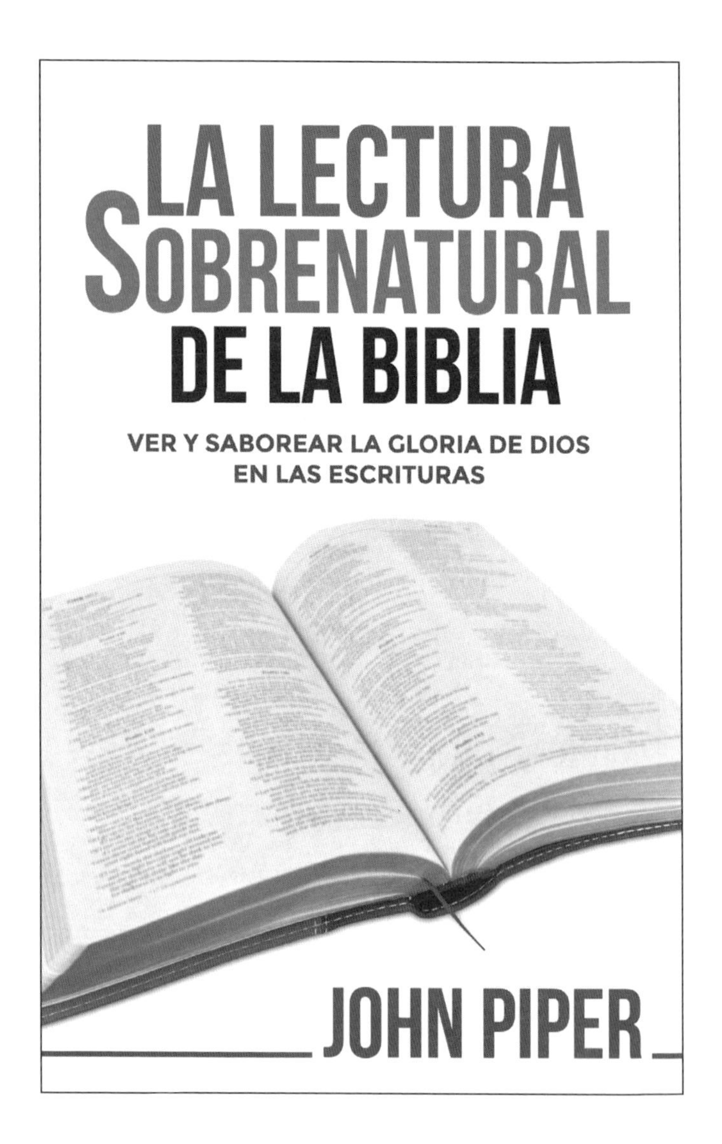

En *La lectura sobrenatural de la Biblia*, John Piper pretende mostrarnos cómo obra Dios a través de su palabra escrita cuando practicamos el acto natural de leer la Biblia, y así experimentemos su poder de concedernos la vista, un poder que se extiende más allá de las palabras en la página. Finalmente, Piper nos muestra que en el aparentemente ordinario acto de leer la Biblia, sucede algo milagroso: recibimos ojos para contemplar la gloria del Dios vivo.

La predicación cristiana es un medio designado por Dios para transformar a sus oyentes tanto en la mente como en el corazón. Con ejemplos claros de métodos específicos, Piper muestra a los predicadores cómo y qué comunicar desde el púlpito de una manera que toma en serio la tarea de manejar la Palabra de Dios semana tras semana en el contexto de, y como, la adoración cristiana.

NUESTRA VISIÓN

Maximizar el efecto de recursos cristianos de calidad que transforman vidas.

NUESTRA MISIÓN

Desarrollar y distribuir productos de calidad —con integridad y excelencia—, desde una perspectiva bíblica y confiable, que animen a las personas a conocer y servir a Jesucristo.

NUESTROS VALORES

Nuestros valores se encuentran fundamentados en la Biblia, fuente de toda verdad para hoy y para siempre. Nosotros ponemos en práctica estas verdades bíblicas como fundamento para las decisiones, normas y productos de nuestra compañía.

Valoramos la excelencia y la calidad.
Valoramos la integridad y la confianza.
Valoramos el mérito y la dignidad de los individuos y las relaciones.
Valoramos el servicio.
Valoramos la administración de los recursos.

Para más información acerca de nuestra editorial y los productos que publicamos visite nuestra página en la red: www.portavoz.com.